JN203265

# 天下取りに絡んだ戦国の女
## ～政略結婚クロニクル～

鳥越　一朗

## はじめに

応仁《おうにん》の乱以降、室町幕府の権威は急速に低下する。それに伴い、既存の統治機構を破壊して、各地に幕府から独立した「国」を創り上げる者が現れ始めた。いわゆる戦国大名である。

彼らの多くは領土の拡大を目指し、そのために互いに争い合ったが、何が何でも武力で決着を付けようとしたわけではなかった。「孫子《そんし》」の兵法にあるように、できれば「戦わずして勝つ」に如《し》くはないと考えていたのである。

そして、そのために用いられた外交手段の一つが、政略結婚だった。一族の、多くの女性たちが、そのために駆り出された。兵士が戦場に赴くように、彼女たちもまた他家へと嫁いでいったのである。

本書の前半は、有力戦国大名であった武田氏、北条氏、今川氏、上杉氏、織田氏、徳川氏、豊臣氏の七氏において、政略の駒《こま》とされた五十六人の女性を取り上げ、その生涯をたどったものである。

徳川家康《いえやす》が最終的に天下を平定するまでの、各氏のつぶし合いにおいて、彼女たちの果たした役割は、決して小さくはなかった。しかも、政略結婚の性格上、心揺さぶられる悲劇的な話（伝説）には事欠かない。彼女たちの足跡を追うことで、各氏が勢力拡大、あるいは生き残りに向けて、どのように合従連衡《がっしょうれんこう》（同盟と対立）を繰り返していったかを、意外な角度から概観できるはずである。

一方、結婚して後継ぎを産むのが主な仕事であった多くの戦国女性の中にあって、嫁にも行かず、婿も取らず、生家のために自ら当主となって、政務を捌《さば》いた女性がいた。それが、後半に「物語」の形で取り上げた井伊直虎《いいなおとら》である。彼女は、かつての許嫁《いいなずけ》の子・虎松《とらまつ》（井伊直政《なおまさ》）を預かり、家康の天下取りになくてはならない武将にまで育て上げる。

直虎の生涯が、当時の女性としていかに凛々《りり》しく、能動的なものであったか、前半に登場する女性たちのそれと対比していただければ、明白であろう。

もっとも、男女間に生じる感情は、時代に関わらず普遍的なものがある。戦国の女性たちの生きざまに触れながら、今とかけ離れているようで、何処か似ている戦国という時代に、思いを馳せていただければ幸いである。

## 6 徳川氏

# 1 武田氏

大井の方
上杉朝興の娘
三条夫人
諏訪御料人
禰津御寮人
油川夫人
嶺松院
龍勝院
北条夫人
見性院
真理姫

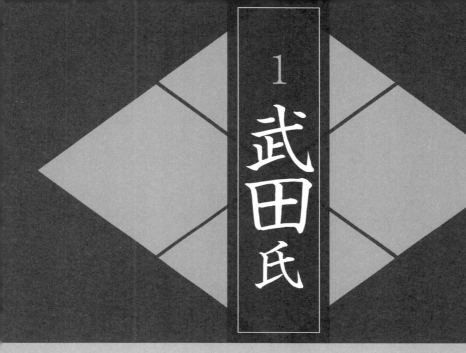

甲斐《かい》（山梨県）の戦国大名・武田氏の起源は、平安時代末の清和源氏《せいわげんじ》の一流・河内源氏に遡《さかのぼ》る。南北朝時代に甲斐国の守護となり、十六世紀の十八代信虎《のぶとら》の時代に信濃（長野県）に侵攻、十九代信玄《しんげん》の時代には、駿河《するが》（静岡県中部）の今川氏、相模《さがみ》（神奈川県）の北条氏と同盟を結び、信濃の領土を拡大した。また、その過程で、越後《えちご》（新潟県）の上杉氏と五回にわたって、北信濃で武力衝突した（川中島《かわなかじま》の戦い）。

永禄《えいろく》十一年（一五六八）、今川氏の衰退に乗じて駿河に侵入し、全盛期には信濃のほか上野《こうずけ》（群馬県）、駿河、遠江《とおとうみ》（静岡県西部）、三河《みかわ》（愛知県東部）、美濃《みの》（岐阜県南部）の一部を支配下に置いた。元亀《げんき》三年（一五七二）、将軍足利義昭《あしかがよしあき》の信長討伐令に応じ西上作戦を開始、遠江から三河に攻め入るが、翌年、信玄の病状悪化のため甲斐へ引き返すこととなり、その途上、信濃の駒場《こまんば》で信玄は死亡した。

二十代勝頼《かつより》の時代になると、天正三年（一五七五）の長篠《ながしの》の戦いで織田・徳川連合軍に大敗、多くの重臣を失う。天正十年（一五八二）、織田氏の侵攻を受けた勝頼は、天目山《てんもくざん》の戦いに敗れて、嫡男信勝《のぶかつ》とともに自害、武田氏は滅亡した。

# 武田氏系図

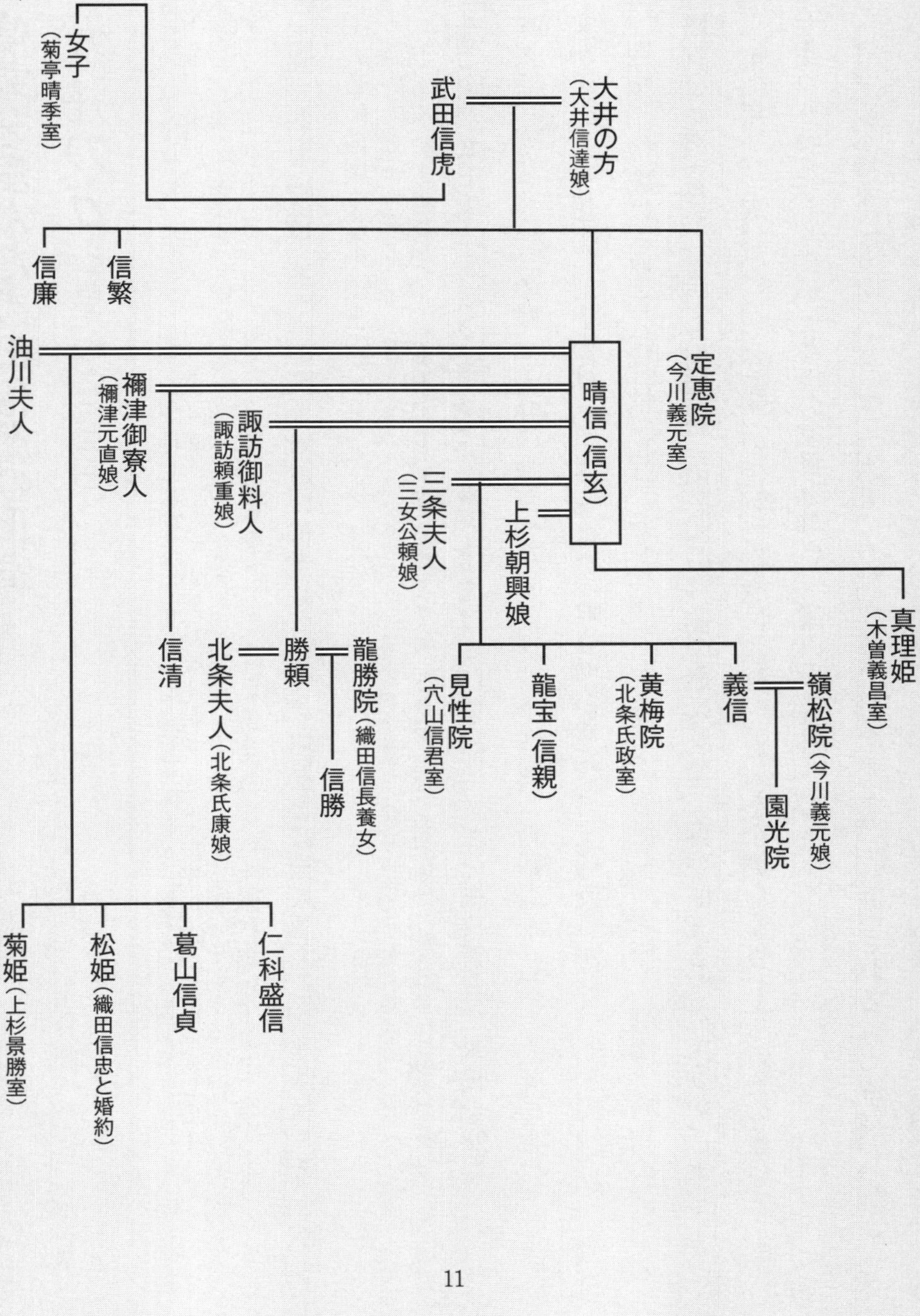
女子（菊亭晴季室）
武田信虎
大井の方（大井信達娘）
信廉
信繁
定恵院（今川義元室）
晴信（信玄）
油川夫人
禰津御寮人（禰津元直娘）
諏訪御料人（諏訪頼重娘）
三条夫人（三条公頼娘）
上杉朝興娘
真理姫（木曽義昌室）
信清
北条夫人（北条氏康娘）
勝頼
龍勝院（織田信長養女）
信勝
見性院（穴山信君室）
龍宝（信親）
黄梅院（北条氏政室）
義信
嶺松院（今川義元娘）
園光院
菊姫（上杉景勝室）
松姫（織田信忠と婚約）
葛山信貞
仁科盛信

# 信玄を産んだ武田信虎の正室

## 大井の方（一四九七～一五五二）

武田信虎《のぶとら》（一四九七～一五七四）は、武田氏十七代当主・武田信縄《のぶつな》の嫡男として生まれ、永正《えいしょう》四年（一五〇七）、父の死に伴って、十四歳で武田氏十八代当主となった。その頃、武田氏は甲斐《かい》国内の国衆《くにしゅう》対策に苦慮していた。国衆とは国人領主とも呼ばれ、戦国大名に従属する小領主のことである。

国衆の一つ大井氏は、武田氏の同族であったが、永正十二年（一五一五）、当主・大井信達《のぶさと》が武田氏に反旗を翻《ひるがえ》したため、信虎はこれを制圧、その結果として永正十四年に娶《めと》ったのが、信達の娘・大井の方だった。信虎二十四歳、新婦二十一歳。大井の方は、父が屈服した相手に、いわば人質として輿入《こしい》れさせられたのであった。

翌年、信虎は本拠を八代《やつしろ》郡石和《いさわ》荘（石和館）から甲府に移し、居館・躑躅ヶ崎館《つつじがさきやかた》の建設を始める。ここでも信達は、甲府への移住の命に反発、再び信虎と敵対するが、永正十七年（一五二〇）、今諏訪《いますわ》の合戦で信虎に敗れ、隠居を余儀なくされた。その後は、大井の方の兄・信業《のぶなり》が大井氏の家督を継ぎ、武田氏に臣従している。

実家の不祥事にもかかわらず、大井の方は離縁されることも、処罰されることもなかっ

大井の方

た。武家の嫁は、実家と嫁ぎ先の関係が悪化すると、実家に帰されることが多かったから、信虎は彼女を気に入っていたのだろう。大井の方は躑躅ヶ崎館で、信虎の正室として、長女・定恵院《じょうけいいん》、長男・信玄、さらに信繁《のぶしげ》、信廉《のぶかど》の三男一女をもうけた。

定恵院の誕生が永正十六年（一五一九）で、信廉の誕生は十三年後の天文《てんぶん》元年（一五三二）であるが、この間、信虎は甲斐の平定を成し遂げ、国外に目を向けると、信濃への侵攻を開始、また、山内《やまのうち》・扇谷《おうぎがやつ》両上杉氏と連携して、相模の戦国大名・北条《ほうじょう》氏との戦いを繰り返した。

両上杉氏も北条氏と対立しており、享禄《きょうろく》元年（一五三〇）、信虎は山内上杉氏との同盟を強化するため、前関東管領《かんれい》・上杉憲房《のりふさ》の後室《こうしつ》を側室《そくしつ》に迎えている。大井の方にしてみれば、格上の家柄の側室は、さぞ目障《めざわ》りな存在だっただろう。

時は流れて天文十年（一五四一）、あろうことか信虎は、二十一歳の嫡男・信玄によって甲斐から追放されてしまう。もっとも、戦国時代において父と子の争いはそれほど珍しいことではなかった。古河公方《こがくぼう》足利氏、東北の伊達《だて》氏、美濃の斎藤氏などでも似たようなことが起こっている。信虎追放の理由については、諸説あって判然としない。父子の感情のもつれというより、家臣団を巻き込んだ派閥争いが原因だったのかもしれない。

当時、武田氏は駿河の戦国大名・今川氏と同盟関係（甲駿《こうすん》同盟）にあり、信虎と大井の方の長女・定恵院が今川氏当主・今川義元《よしもと》に嫁いでいた。信虎が娘に会いに駿河へ向かったすきに、信玄は国境を封鎖してしまったのだった。

夫と息子の衝突に、大井の方は、心を痛《いた》めに違いない。信虎は、今川義元の元で隠居することになったが、大井の方は信虎には従わず、甲斐に残り仏門に入った。側室の中には駿河へ赴《おもむ》いた者もいたというから、正室の彼女が同行しなかったのは、信虎との関係がこの頃には悪化していたからかもしれない。

ともあれ、彼女はその後も躑躅ヶ崎館の御隠居曲輪《くるわ》に住み、十九代当主となった息子・信玄に対して叱咤激励を惜しまなかったという。長禅寺《ちょうぜんじ》の岐秀元伯《ぎしゅうげんぱく》を信玄の学問の師に選んだのも、信濃侵攻を本格化させた信玄が、天文十七年（一五四八）の上田原《うえだはら》の合戦で村上義清《よしきよ》に大敗した際、茫然自失の信玄に早期の帰陣を促したのも彼女だったといわれる。信玄に意見するぐらいだから、もともと聡明で、意志の強い女性だったのだろう。

天文二十一年（一五五二）、大井の方は五十六年の人生に幕を降ろした。夫と別れて暮らすようになって十一年が経っていた。その訃報《ふほう》を信虎は京都で聞いたはずである。

信虎は、永禄三年（一五六〇）に桶狭間《おけはざま》の戦いで今川義元が尾張の織田信長に討たれると、駿河を離れ京都の、信玄の正室・三条夫人の実家である三条家を頼った。この年には、信虎の九女が京都の公家・菊亭晴季《きくていはるすえ》の元に嫁いでおり、娘が近くにいるというのも、信虎にとって心強かったのだろう。

天正元年（一五七三）、信虎との和解は成らぬまま、信玄が死去。その翌年、信虎は大井の方との息子・信廉の居城である、信濃国伊那谷《いなだに》の高遠城《たかとお》に身を寄せるが、同年その地で死んだ。享年八十一。

# 武田信玄が最初に娶った女
# 上杉朝興の娘（?〜一五三四）

天文二年（一五三三）、武田信虎は嫡男・武田信玄（一五二一〜一五七三）の正室として、扇谷上杉氏当主・上杉朝興《ともおき》の娘を正室に迎える。当時関東では、古河公方（鎌倉公方の後身）をはじめ、関東管領の山内上杉氏、その分家に当たる扇谷山内氏、新興の北条氏などが、諸勢力を巻き込んで、離合集散を繰り返しながら争っていた。

室町幕府は、関東の統治機関として鎌倉公方（鎌倉府）を置き、それを補佐する目的で関東管領という役職をもうけた。古河公方とは、享徳《きょうとく》四年（一四五五）、関東管領の山内上杉氏と対立する五代鎌倉公方・足利成氏《しげうじ》が、山内上杉氏を支援する将軍・足利義政《まさ》の攻撃を受け、下総《しもうさ》国の古河に遷って本拠としたものである。

三年後、義政は弟・足利政知《まさとも》を鎌倉公方に任じるが、政知は鎌倉に入れず、伊豆の堀《ほり》越《こし》を本拠としたため、堀越公方と呼ばれた。以後、古河公方は、堀越公方・関東管領と三十年近くにわたって戦いを続けた（享徳の乱）。

文明十四年（一四八三）、両者は和睦したが、堀越公方は明応《めいおう》四年（一四九五）、伊《い》勢盛時《せもりとき》（のちの北条早雲《そううん》）に攻められ滅んだため、公方の分裂状態は解消した。

さて、甲斐国内を統一し、隣国相模の北条氏と敵対する信虎は、やはり同氏と対立する扇谷上杉氏と姻戚関係を結ぼうとした（ちなみにこの三年前、信虎自身が、山内上杉氏の当主だった上杉憲房の後妻を側室に迎えている）。この時信玄は十三歳。新婦もおそらくは同年齢ぐらいだったのだろう、二人はすぐに仲良くなる。

扇谷上杉氏は、他の上杉氏と同様、もとは鎌倉公方に仕える武家で、鎌倉の扇谷を本拠地としたことが、家名の由来とされる。関東管領の職こそ、上杉氏宗家《そうけ》の山内上杉氏に譲っていたが、相模を中心とする戦国大名に成長していた。

上杉朝興は、大永《たいえい》四年（一五二四）に北条氏綱《うじつな》に奪われるまで、江戸城を居城としていたので、朝興の娘も江戸城で生まれた可能性がある。江戸城を築いたのは、「築城の名人」として有名な、扇谷上杉氏の家宰《かさい》・太田道灌《どうかん》である。それは、ちょうど道灌が活躍した享徳の乱の時期で、徳川家康が秀吉の命で江戸に移ってくる七十年ほども前の話だ。

ともあれ、格上の家に生まれ育った新婦は、甲斐育ちの信玄少年には眩《まぶ》しく映ったのではないか。新婦はほどなく妊娠するが、若齢出産のためか母子ともに亡くなってしまった。さすがの信玄も、まだ純粋だったようで、愛妻の死を深く悲しんだという。

天文六年（一五三七）に朝興が死ぬと、信虎は翌年、扇谷上杉氏との同盟を破棄し、北条氏と和睦している。亡妻の実家を非情に切り捨てる父親に、若い信玄は反感を抱き、後年の父子離反に繋がったとみるのは、穿《うが》ちすぎだろうか。

実際、扇谷上杉氏は天文十五年（一五四六）、北条氏の攻撃を受けて滅び（河越夜戦《かわごえよいくさ》）、山内上杉氏も永禄四年（一五六一）、越後三条長尾氏の長尾景虎《かげとら》（上杉謙信《けんしん》）に名跡を譲ったため、以後長尾氏が上杉氏の嫡流となる。

やがてこの謙信と、信玄は北信濃の覇権《はけん》をめぐって激しく争うことになるのだ。

## 信玄の正室は公家の出身
## 三条夫人（一五二一？〜一五七〇）

三条夫人が、武田信虎の嫡男・信玄に嫁いだのは、天文五年（一五三六）七月のことである。前正室（上杉朝興の娘）が亡くなって二年が経っていた。信玄としては再婚であり、三条夫人はいわゆる継室《けいしつ》であった。

といっても信玄はまだ十六歳で、この年に元服し、十二代将軍・足利義晴《よしはる》から偏諱《へんき》を賜り、幼名・太郎を改め「晴信」と称するようになる。三条夫人も信玄と同年齢ぐらいだったと思われる。

彼女の実家三条家は、清華家《せいが》の一つで父・三条公頼《きんより》は左大臣を務める名門であった。姉は室町幕府管領・細川晴元《はるもと》の妻、妹の如春尼《にょしゅんに》は本願寺第十一世・顕如《けんにょ》に嫁いでいる。もっとも、当時の公家は荘園からの収入が途絶え、経済的には困窮していた。そのため、武家の経済的支援は魅力であり、武家は武家で、公家と姻戚関係を持つことで、周りの信頼と尊敬を集めることができた。

三条夫人と信玄の婚姻も、そんな両者の利害一致によるものだったのだろう。なお、この縁談を仲介したのは、駿河の今川義元であった。この年、相模の北条氏綱と連携して武田氏と対立してきた今川氏輝《うじてる》が死去。家督争い（花倉《はなくら》の乱）を経て義元が今川氏の当主になると、信玄は今川氏と和睦した。その証として、公家出身の母・寿桂尼《じゅけいに》（中御門《なかみかど》宣胤《のぶたね》娘）を持つ義元が信玄のために一肌脱いだのであろう。

さて、京都の深窓に育った、まだ十六歳の三条夫人にとって、多くの付き人に従われていたとはいえ、遠く甲斐への輿入れはさぞかし心細いものであったろう。二千メートル級の山々に囲まれた甲府の光景は、穏やかな京の地形を見慣れた彼女の目には、荒涼・索《さく》漠《ばく》としたものに映ったに違いない。しかし、幸いなことに彼女と夫・信玄の相性はよかったようだ。二人は文芸の趣味を同じくしたといわれる。

のちに信玄の師となる快川《かいせん》和尚《おしょう》は、三条夫人のことを「大変美しく、陽の光のように明るく穏やかな人柄で、信玄とも仲睦ましかった」と書き残している。天文七年（一五三八）以降、彼女は立て続けに信玄の子を産む。義信《よしのぶ》、黄梅院《おうばいいん》、龍宝《りゅうほう》（信親《のぶちか》）、信之《のぶゆき》、見性院《けんしょういん》の三男二女である。

しかし、彼女の子供たちには、いずれも悲劇的な運命が用意されていた。二男・龍宝は病気により失明、三男・信之は早世、長女・黄梅院は嫁ぎ先の北条氏から離縁され、長男・義信は謀反の疑いで幽閉されたのちに死亡。二女・見性院は嫁ぎ先の穴山信《のぶ》君《ただ》（梅雪《ばいせつ》）が武田氏を裏切り、武田氏の滅亡に手を貸すことになるのだ。

三条夫人との政略結婚が効果を表したのは、信玄の上杉氏対策においてであった。信玄は北信濃の領有をめぐり、天文二十二年（一五五三）から永禄七年（一五六四）の間に、五回にわたって越後の上杉謙信と戦った。歴史上名高い、甲斐の虎（信玄）と越後の龍（謙信）による川中島の戦いである。

しかし、両者の決着は容易に付かず、元亀《げんき》三年（一五七二）、信玄は十五代将軍・足利義昭の呼びかけに応じ、織田信長討伐のため西上作戦を実行に移した。その間に背後を謙信に突かれないよう、信玄は顕如に要請して、越中《えっちゅう》で一向一揆を起こさせ、謙信を足止めにさせたといわれる。そして、顕如が信玄の頼みを聞き入れたのは、三条夫人の妹（如春尼）が、顕如に嫁いでいたから、というわけである。

しかし、その時三条夫人はもうこの世にいなかった。元亀元年（一五七〇）七月二十八日、彼女は五十年の生涯を終えていたのである。もっとも、武田氏の全盛期に世を去ったわけで、近い将来に訪れる同氏の滅亡を見ずにすんだことは、彼女にとって、むしろ幸せだったといえるかもしれない。

## 武田氏最後の当主・勝頼の生母
## 諏訪御料人（一五三〇〜一五五五）

諏訪御料人《すわごりょうにん》が武田信玄の側室に入ったのは、天文十四年（一五四五）頃のこととされる。すでに信玄は、父・信虎から武田氏当主の座を奪い取っていた。天文十一年（一五四二）に信濃国の戦国大名・諏訪頼重《よりしげ》を滅ぼした信玄は、その娘である彼女を娶ったのである。信玄二十五歳、諏訪御料人は十六歳前後だった。

諏訪氏は、信虎の時代に武田氏と同盟関係を結び、天文九年（一五四〇）には、信虎の三女・禰々《ねね》御料人が頼重の元に嫁いでいたが、翌年、信玄が信虎を追放し当主の座につくと、武田氏は信濃侵攻を本格化させ、諏訪郡にも出兵した（禰々御料人は息子・寅《とら》王丸《おうまる》とともに甲府へ返され、二年後、十六歳で早世している）。

武田軍の攻撃に対し、頼重は支城の桑原《くわばら》城に籠って対抗するが、家族の安全を保障するという信玄の言葉を信じ降伏する。ところが、信玄は頼重と弟の頼高《よりたか》を甲斐に連行し、翌年には両者を自刃に追い込み、諏訪氏を滅ぼしてしまう。

諏訪御料人は、父と叔父の仇の元へ嫁がされたわけである。信玄は彼女の美しさに引かれ、側室にしたとされるが、当初、武田家中には反対する声があったという。武田氏に対する諏訪氏残党の報復を恐れたのかもしれない。反対論を説き伏せたのは、信玄の重臣・山本勘助《かんすけ》であったと伝わる。

勘助は、第四次川中島の戦いで、「啄木鳥《きつつき》戦法」を献策したことで知られる伝説的軍師で、井上靖の小説『風林火山《ふうりんかざん》』では諏訪御料人に好意を抱く人物として登場する。

さて、諏訪御料人は信玄の側室として躑躅ヶ崎館に迎えられるが、当時そこには、正室・三条夫人と、義信、龍宝、信之ら彼女の子供たちが、すでに暮らしていたはずである。そうした、居心地が余りいいとは思えない環境で、彼女は天文十五年（一五四六）、男子を産んだ。

男子は、のちに信玄の命で旧諏訪氏の名跡を継ぎ、諏訪四郎勝頼《かつより》を名乗る。さらに信玄の死後、他の兄弟たちを差し置いて武田氏の家督を継ぎ、同氏最後の当主となるのだが、諏訪御料人はそれを知ることはなかった。勝頼誕生の九年後の弘治《こうじ》元年（一五五五）十一月六日、彼女は世を去ったのである。まだ二十五歳という若さだった。

## 武田氏の血を現在に繋いだ信玄の側室
## 禰津御寮人（一五二七?〜?）

天文十二年（一五四三）、武田信玄は諏訪氏に続いて、信濃国小県《ちいさがた》郡の国衆・禰津《ねづ》氏を武田氏に帰属させた。それに伴って同年十二月十五日、禰津氏当主・禰津元直《もとなお》の娘が信玄の側室に入った。信玄は二十三歳、新婦は十七歳前後だったと思われる。

新婦は禰津御寮人《ねづごりょうにん》と呼ばれ、永禄三年（一五六〇）に信玄の七男・信清《のぶきよ》を産む。結婚から信清出産まで十七年も経っているのは不自然であるが、その間の、そしてその後についても、禰津御寮人に関してはっきりしたことは分かっていない。

ところで永禄二年（一五五九）二月、信玄は長禅寺の住職・岐秀元伯《ぎしゅうげんばく》を導師として、出家し、それまでの晴信という名を信玄（徳栄軒《とくえいけん》信玄）に改名している。この時期までにほぼ信濃を平定し、幕府から信濃国守護に任じられたことが契機になったと考えられている。まだ、幕府の権威は生きていたのである。

なお、信玄の家臣・真田幸隆《さなだゆきたか》（幸村《ゆきむら》の祖父）も、信玄に付きあって出家し、一徳斎《いっとくさい》と号している。幸隆は天文二十年（一五五一）四月、信玄がそれまで二度も敗れている村上義清の居城・砥石城《といしじょう》を、わずか一日で落とした功労者であった。

もっとも、多くの戦国武将がそうであったように、信玄もまた出家したからといって、戦を止めることはなかったし、女人を遠ざけることもなかった。七男・信清（母は禰津御寮人）と六女・松姫（母は油川夫人《あぶらかわふじん》）は、信玄が出家したのちに誕生している。

さて、信清は永禄《えいろく》十年（一五六七）、八歳で出家し、甲斐の法善寺《ほうぜんじ》に入るが、その後、勝頼の命で還俗《げんぞく》、安田氏を継いで信濃の海野《うんの》城主となる。天正十年（一五八二）、織田氏らによる甲州征伐で武田氏が滅ぶと、上杉景勝《かげかつ》に嫁いでいた異父姉の菊姫《きくひめ》を頼って上杉氏に帰属し、のちに武田氏に復姓した。現在にまで続く武田氏（米沢武田氏）の起源は、禰津御寮人へと繋がるのである。

時は遡って天正二年（一五七四）三月五日、武田信虎の最期を信虎の娘婿・禰津神平《しんぺい》が信濃国伊那郡高遠《たかとお》で看取ったと伝えられるが、神平は禰津元直の息子ともいわれ、だとするなら、禰津御寮人のきょうだいということになる。

# 二人の息子を養子に出した信玄の側室
# 油川夫人（一五二八？〜一五七一）

武田信玄の側室・油川《あぶらかわ》夫人の父親については、諸説あってはっきりしない。油川氏は、甲斐武田氏の支流であったが、永正五年（一五〇八）、武田信虎によって滅ぼされている。しかし、その後も生き残った一族がいたのであろう。彼女が信玄に嫁いだ時期は不明だが、二人の最初の子である盛信《もりのぶ》（信玄の五男）が、弘治《こうじ》三年（一五五七）生まれとされているから、それ以前ということになる。

彼女は盛信に続いて、葛山信貞《かつらやまのぶさだ》、松姫、菊姫を産む。この頃、信玄は征服した有力氏族に対し、自分の子弟にその名跡を継がせ、武田氏の親類衆とする懐柔策をたびたび執っている。盛信が信濃国安曇《あづみ》郡の仁科《にしな》氏を継いだのもその一つである。

信濃仁科氏は、桓武平《かんむへいし》氏の流れを汲む名門で、信玄の信濃侵攻が本格化すると、信濃の有力豪族である小笠原氏や村上氏と協調して武田氏に対抗するようになり、永禄四年（一五六一）の第四次川中島の戦いの際、上杉氏につく動きを見せたため、武田氏は仁科氏の当主・仁科盛政《もりまさ》を殺害した。信玄は、盛信を仁科氏の養子にして、同氏の当主としたのである。

信玄の六男・信貞は、駿河国駿東郡《すんとう》の領主・葛山氏の婿養子に入り、同氏を継承した。葛山氏もまた、藤原伊周《ふじわらのこれちか》を祖とする駿河大森氏の庶流という名門であった。

永禄十一年（一五六八）、信玄が駿河今川領への侵攻を開始すると、葛山氏当主・葛山氏元《うじもと》は、主君の今川氏を裏切って武田氏に内通する。ところが、その後氏元は逆に武田氏から謀反の疑いを掛けられ、葛山氏は武田氏によって滅ぼされてしまう。信玄は葛山姓を残そうと、信貞を氏元の娘の養子にして、その名跡を継がせたのだった。

しかし、盛信、信貞の末路はいずれも悲劇的なものであった。仁科盛信は天正九年（一五八一）、信濃国伊那郡の高遠城の城主となるが、翌年、織田氏による甲州征伐の矢面に立たされ、二十六歳で壮絶な死を遂げた。葛山信貞もまた、甲州征伐の際、甲斐善光寺《ぜんこうじ》で自刃している。

油川夫人の娘たちも、それぞれに波乱万丈の人生を歩んだ。松姫は、のちに武田氏を滅ぼす織田信長の嫡男・信忠《のぶただ》と婚約、菊姫は、父・信玄の永遠のライバルであった上杉謙信の後継者・上杉景勝に輿入れするのだ。

もっとも、油川夫人は元亀二年（一五七一）、信玄より二年早く黄泉路《よみじ》の客となり、子供たちの「その後」を見ることはなかった。

# 武田義信に嫁いだ今川義元の娘
# 嶺松院（？～一六一二）

駿河国の今川氏十一代当主・今川義元の娘である嶺松院《れいしょういん》が、信玄の嫡男・武田義信《よしのぶ》（一五三八～一五六七）に嫁いだのは、天文二十一年（一五五二）十一月二十二日のことである。ちなみに、この年の五月七日に義信の生母・大井の方が没している。義信は十五歳。嶺松院の年齢ははっきりしないが、おそらくは義信と同じぐらいであったろう。

彼女は、文化の香り高い駿府《すんぷ》から、山深い甲府へと移り住んだのであった。しかし、嶺松院にそれほど不安はなかったのではないか。というのも、彼女の母親は、武田信虎の長女（信玄の姉）・定恵院《じょうけいいん》であり、すなわち、嶺松院と夫・義信とは従兄妹同士なのであった。輿入れの行列は千人以上にも及び、甲府の躑躅ヶ崎館には若い二人のために屋敷が新築されたという。

彼女の結婚も母親同様、武田氏と今川氏との同盟（甲駿同盟）を強化するための政略結婚だった。北信濃の支配をめぐって越後の戦国大名・上杉謙信との対立が深まる中、信玄は今川氏だけでなく、北条氏とも関係改善を図ろうとしていた。

嶺松院が嫁いで二ヶ月後の天文十二年（一五五三）正月には、信玄の長女（義信の妹）・

黄梅院《おうばいいん》が北条氏康の嫡男・氏政と婚約、さらにその翌年の七月には氏康の娘・早川殿《はやかわどの》が今川義元の嫡男・氏真《うじざね》（嶺松院の兄）に嫁ぎ、こうした婚姻を通じて武田氏、北条氏、今川氏の間で軍事同盟（甲相駿《こうそうすん》三国同盟）が形成された。

さて、嶺松院は義信との間に女子（園光院《えんこういん》）をもうけるが、その後の嶺松院の人生は、波乱に富んだものであった。永禄三年（一五六〇）、実家の父・今川義元が尾張の織田信長に桶狭間の戦いでまさかの敗北を喫し、戦死してしまう。

それだけでも嶺松院には大きなショックだったろうが、舅《しゅうと》・信玄は、その機に乗じて駿河への侵攻を図ろうとする。いきおい、今川氏との同盟を重んじる夫・義信との間で軋《あつ》轢《れき》が生じ、両者の対立は徐々に高じていった。

信玄もまた、息子と対立するに至ったわけだが、彼の頭には父・信虎に自分がしたことが蘇ったのだろうか。信玄は先手を打つ形で、永禄八年（一五六五）十月、義信を甲府東光寺《とうこうじ》に幽閉してしまったのである。

この時、嶺松院は離縁されたともいわれるが、彼女は甲府に留まり、駿府へ帰ることはなかった。それは彼女の意志だったかもしれない。そうであるなら、夫婦は強い絆で結ばれていたのだろう。

しかし、事態は好転せず、永禄十年（一五六七）十月、義信は東光寺で自害した。

失意の嶺松院は、兄・今川氏真の申し出により、娘・園光院と共に駿府に送り返されたのだった。駿府に帰った彼女は出家し、貞春尼《ていしゅんに》と称する。

翌年、信玄は駿河侵攻を開始、調略を駆使して難なく駿府へ入った。氏真は、遠江国掛川城《かけがわ》に籠城するが、ほどなく伊豆国へ逃亡。ここに戦国大名としての今川氏は実質的に滅亡した。その後の嶺松院については、はっきりしない。一説では慶長《けいちょう》十七年（一六一二）八月十九日に死去したとされる。だとするなら、戦国の動乱を生き抜き、おそらくは、七十年以上の長寿を全うしたことになる。

## 武田勝頼に嫁いだ信長の養女
# 龍勝院（一五五三～一五七一）

龍勝院《りゅうしょういん》が、織田信長の養女として信玄の四男・武田勝頼（一五四六～一五八二）の元に嫁いだのは、永禄八年（一五六五）十一月のこととされる。この時、勝頼は二十歳、龍勝院は十三歳だった。彼女の実父は、美濃国苗木《なえぎ》城主の遠山直廉《とおやまなおかど》である。母は織田信秀の四女で、龍勝院は信長の姪《めい》でもあった。

織田氏は、武田氏の同盟相手である今川氏と敵対関係にあったが、信玄は数年前から織田氏及び、その影響下にある遠山氏と外交関係を持っていた。永禄三年（一五六〇）の桶狭間の戦いで今川義元を滅ぼして以降、美濃へ侵攻するなど飛ぶ鳥を落とす勢いの織田氏とは、誼《よしみ》を結んでおくに如くはないと考えたのだろう。勝頼と龍勝院の結婚は、その政略上のものだったのである。

実はこの年、武田氏の内部で大変な事件が起きていた。一月、信玄暗殺を企てたという容疑で、信玄の嫡男・義信の側近、飯富虎昌《おぶとらまさ》らが処刑され、八十騎の家臣団が追放された。そして、十月には義信自身が東光寺に幽閉されてしまったのだ。ちなみに五月には、十三代将軍・足利義輝《よしてる》が、京都二条御所において、三好三人衆、松永久通《ひさみち》らによって殺害されるという事件が起こっている（永禄の変）。

ともあれ、嫡男・義信の失脚により、信玄の後継は、側室・諏訪御料人を母に持つ四男の勝頼にお鉢が回ってきた。義信と同じく正室・三条夫人を母に持つ男子のうち、二男・龍宝は失明し、三男・信之は早世していたからだ。龍勝院が嫁いできた時、武田家内には未だ不穏な空気が流れていたに違いない。

武田氏後継者の正室という立場は、まだ十代前半の龍勝院には重荷だったのかもしれない。永禄十年（一五六七）、龍勝院は長男・信勝《のぶかつ》を産むが、難産のため他界してしまう。

享年十五。そんな悲劇もものかわ、武田氏は再び織田氏との縁組をもくろみ、同年末には、信玄の六女・松姫と信長の嫡男・信忠《のぶただ》の婚約を成立させた——と伝えられてきたが、実際には、龍勝院が死んだのは、元亀二年（一五七一）九月十六日のことで、彼女の死と松姫・信忠婚約の関連性は成立しないらしい。

## 武田氏と運命を共にした勝頼の正室
## 北条夫人（一五六四〜一五八二）

北条《ほうじょう》夫人が武田勝頼の継室に入ったのは、天正五年（一五七七）一月二十二日のことである。勝頼が前妻・龍勝院と死別してから六年が経っていた。この間の元亀四年（一五七三）四月十二日、稀代の名将・武田信玄が世を去っている。

元亀二年（一五七一）の織田信長による比叡山焼き討ち以降、仏教に帰依する信玄と信長の関係は悪化した。翌年信玄は、十五代将軍・足利義昭が発した信長討伐の呼びかけに応じ、駿河から遠江に入り、信長と同盟関係にあった徳川家康の諸城を落としながら西進。しかし三河に侵攻したところで病を発し、やむなく甲府へ帰還する途上、信濃の

北条夫人

駒場《こまんば》で没したのであった。

勝頼がひとまず武田氏の家督を継ぐが、信玄の遺言では、当時七歳だった勝頼の嫡男・信勝を後継者に指名し、勝頼は信勝が元服するまでの後見人とされた。そうした経緯もあり、勝頼は信玄に仕えた重臣たちとそりが合わなかった。それが戦力の低下につながったのか、二年後の天正三年（一五七五）五月、戦国最強と恐れられた武田軍は、長篠《ながしの》の戦いで織田氏と徳川氏の連合軍に手痛い敗北を喫してしまう。

北条夫人は、北条氏三代当主・北条氏康《うじやす》の六女である（母は北条氏の家臣・松田憲秀《のりひで》の娘・松田殿）。勝頼は、織田・徳川両氏に対抗するため、北条氏との同盟を婚姻によって強化しようとしたのである。この時、勝頼三十二歳に対し、北条夫人はまだ十四歳だった。しかし結婚の翌年、武田氏と北条氏の間にひびが入る。

天正六年（一五七八）、越後上杉氏の当主・上杉謙信が死去すると、その後継をめぐって、謙信の養子同士である景勝《かげかつ》と景虎《かげとら》の間で争いが起こった。いわゆる御館《おたて》の乱である。景虎は北条氏康の七男であり、北条夫人の異母兄であった。

勝頼は初め北条氏の要請を受けて景虎を支援していたが、景勝が優勢になると、鞍替えして景勝側につき、上杉氏と甲越《こうえつ》同盟を結んだ。当然のことながら、北条氏との甲相同盟は破綻する。勝頼と北条夫人の夫婦仲はよかったのだろう、この時、北条夫人は実家へ帰されることはなかった。しかし、武田氏は北条氏が治める東上野《ひがしこうずけ》などへの攻撃を開始したから、武田家内での彼女の立場は、厳しいものになったに違いない。

もっとも、勝頼の判断は結果的には正しくなかったようだ。上杉氏との軍事同盟は有効に機能せず、織田・徳川両氏の攻撃を許すことになるのだ。この時期、武田氏と織田氏との婚姻は、勝頼の妻・龍勝院が死去して以来途絶えていた。勝頼の異母妹（信玄の六女）・松姫は、信長の嫡男・信忠と婚約はしたものの、十年以上たっても結婚には至っていなかった。

天正九年（一五八一）、勝頼は、甲府西北の韮崎《にらさき》に新府城《しんぷじょう》を築き、甲府の躑躅ヶ崎館から本拠をここに移した。かつての勢力を失った武田氏が、敵の襲来から身を守るため、初めて造った城砦《じょうさい》だった。北条夫人も当然のことながら、新府城に身を移したが、翌天正十年（一五八二）二月、織田・徳川両氏が甲斐侵攻を開始。勝頼らは新府城を脱出し、甲斐東部の郡内《ぐんない》を目指すが、途中家臣の裏切りに遭い、天目山《てんもくざん》に向かったところで、信長の重臣・滝川一益《かずます》率いる大軍と対戦する。

武田勢は善戦するも衆寡敵《しゅうかてき》せず、勝頼と嫡男・信勝は自害。ここに甲斐武田氏は滅亡し、北条夫人も運命を共にした。死を決意した勝頼は、家臣に命じて北条夫人を、彼女の実家のある小田原へ送り届けようとしたが、彼女はそれをかたくなに拒んだという。

辞世は「黒髪の乱れたる世ぞ果てしなき　思いに消ゆる露の玉の緒」。享年十九。

## 穴山信君（梅雪）に嫁いだ信玄の娘
## 見性院（?〜一六二二）

穴山《あなやま》氏は、南北朝時代に武田氏から分かれた甲斐国の国衆で、代々武田氏と姻戚関係を結んでいた。穴山信君《のぶただ》（一五四一〜一五八二）は穴山信友《のぶとも》の嫡男として生まれ、母は武田信虎の娘・南松院《なんしょういん》であった。南松院は信玄の姉であり、したがって信君と信玄は従兄弟同士である。

信君にも武田氏から妻があてがわれるが、それが、信玄の二女・見性院《けんしょういん》であった（彼女の生母は正室・三条夫人とされる）。見性院が信君に嫁いだ時期については、はっきりしないが、永禄元年（一五五八）頃との説もある。元亀三年（一五七二）に二人の間に嫡男・勝千代（信治《のぶはる》）が生まれている。

夫の信君は、永禄十一年（一五六八）に始まった信玄の駿河侵攻で活躍し、今川氏が滅んで駿河国が武田氏の勢力下になると、庵原《いはら》郡の江尻《えじり》城代に収まった。しかし、天正三年（一五七五）の長篠の戦いで武田軍が織田・徳川連合軍に敗れて以降、信君は織田氏に内通するようになる。それは、穴山氏が長篠の戦いに積極的には参戦しなかったことに対し、武田氏内で批判があったことに起因するともいわれる。

天正十年（一五八二）二月、織田・徳川両氏による甲州征伐が始まると、信君は武田氏から離反し、徳川家康を通じて織田側に従属する立場を明確にした。同年三月の武田氏滅亡後、信君は家康に随行して安土《あづち》城で信長に謁見するが、その後堺を遊覧して京都に向かう途中の六月二日、本能寺の変が勃発する。家康と共に急いで畿内脱出を図るが、その途上一揆に遭って死亡した。

信君が武田氏に背いた時、見性院が武田氏に帰された形跡はないようだ。家康は武田氏の遺臣の面倒を見たといわれ、見性院も家康の保護を受けた。信君の後は見性院の産んだ信治が継ぎ、穴山氏は徳川氏の国衆として、羽柴《はしば》秀吉（のちの豊臣秀吉）と家康が戦った小牧《こまき》・長久手《ながくて》の戦いでも家康側に付いている。しかし、信治は天正十五年（一五八七）、元服を済ませた直後に天然痘で病没。穴山氏は断絶した。

その後、見性院には思わぬ役目が回ってくる。家康は、武田氏ゆかりの側室・下山殿《しもやまどの》（武田氏家臣・秋山虎泰《とらやす》の娘）が産んだ万千代（信吉《のぶよし》）に武田氏の名跡を継がせ、その養育を見性院に任せたのである。その実績が評価されたのか、後年彼女は、家康の嫡男・秀忠《ひでただ》が侍女に産ませた男子（のちの保科正之《ほしなまさゆき》）の養育係を仰せつかっている。元和《げんな》八年（一六二二）五月九日死去。

## 木曽義昌に嫁いだ信玄の娘
## 真理姫（一五五〇～一六四七）

信濃国の国衆・木曽《きそ》氏は、南北朝時代から木曾谷の領主であったが、戦国時代に入って甲斐の武田信玄の攻撃を受け、十七代当主・木曽義康《よしやす》は天文二十三年（一五五四）、武田氏に臣従した。その結果、信玄は木曾谷の安堵《あんど》を約束するとともに、義康の嫡男・木曽義昌《よしまさ》（一五四〇～?）に、自分の三女・真理姫《まりひめ》を娶らせたのであった。

この時、義昌は十五歳、真理姫はまだ五歳の幼女だったから、結婚と言っても形だけのものであった（ちなみに、真理姫の生母は誰であるかはっきりしない。三条夫人か油川夫人のどちらかであるようだが）。

婚姻関係を持つことによって、信玄は木曽氏を親族衆としたが、実際には家族を人質として差し出させたり、木曽谷に監視を置いたりして、木曽氏を属国化した。義昌が次第に武田氏への不満を募らせていったことは想像に難くない。

成人した真理姫は、天正五年（一五七七）に嫡男・岩松丸（義利《よしとし》）を産む。しかし、信玄の後を継いだ勝頼が、新府城を築く際、木曽氏に厳しい賦役《ふえき》と増税を課すに及んで、義昌の我慢は限界に達したのかもしれない。天正十年（一五八二）一月、織田信長の甲州征伐の動きが強まると、義昌は速やかに織田側に寝返ったのである。

真理姫は、自ら義昌と離別し、三男・義一《よしかず》と木曽山中に隠棲したといわれる。彼女にしてみれば、夫の、自分の実家に対する裏切りは決して許せるものではなかったのだろう。実際、義昌の謀反が、武田氏滅亡の導火線となったのである。

義昌が離反したと知った勝頼は、大いに怒り、木曾谷に派兵するが、織田信忠の支援を受けた義昌はこれを撃退した。しかし、勝頼は出兵に際し、甲斐に人質として預かっていた義昌の七十歳の母、十三歳の長男・千太郎、十七歳の長女・岩姫を新府城で処刑してしまう（千太郎と岩姫は、真理姫が産んだ子供ではなかったようだ）。

武田氏の滅亡後、義昌は戦功により信長から安曇《あづみ》・筑摩《ちくま》の加増を受けるが、本能寺の変が勃発すると、信濃四郡を与えられていた信長の家臣・森長可《ながよし》の命を奪って、その所領を手に入れようとする。ところが、義利を人質に取られてしまい、逆に長可の東美濃への逃亡を助ける結果となった。

その後、武田氏の旧領をめぐって、上杉景勝、北条氏直、徳川家康の三者が争うようになると（天正壬午《てんしょうじんご》の乱）、義昌は、初め氏直に付き、続いて家康に寝返り、天正十二年（一五八四）の小牧・長久手の戦い後に、秀吉に乗り換え、その二年後には秀吉の命で再び家康の配下となった。

天正十八年（一五九〇）、家康の関東移封に伴い、義昌は下総《しもうさ》阿知戸一万石を与えられ、木曾谷を離れた。真理姫が産んだ義利も、父と共に阿知戸へ移った。文禄四年（一五九五）頃、義昌が死去すると、義利は木曽氏の家督を継ぐ。しかし、義利は素行に問題があり、叔父を殺害した咎《とが》で、家康により改易されている。

その後の真理姫については、はっきりしたことは分かっていない。正保《しょうほう》四年（一六四七）、木曾谷で死去したとされるが、だとするなら、九十八年の長寿を全うしたことになる。

# 2 北条氏

瑞渓院
黄梅院
督姫

関東の戦国大名・北条氏は、室町幕府の御家人で伊勢氏出身の伊勢盛時（北条早雲《そううん》）を始祖とする。盛時は文明《ぶんめい》八年（一四七六）、姻戚関係を結んでいた今川氏の内紛に乗じて伊豆（静岡県伊豆半島）・相模（神奈川県）を得、全国初の戦国大名として自立する。

二代氏綱《うじつな》は小田原城に本拠を置き、苗字を伊勢氏から北条氏に改めた。また、古河公方《こがくぼう》足利氏と婚姻関係を結んで家格を上げた。

三代氏康《うじやす》は、今川氏、武田氏と甲相駿三国同盟を結成して、領土拡大を図り、関東の半分を支配、さらに下総《しもうさ》（千葉県北部）、上総《かずさ》（千葉県中部）などを勢力下に置いた。四代氏政《うじまさ》は、上杉氏や武田氏、常陸《ひたち》（茨城県）・下野《しもつけ》（栃木県）の反対勢力などと抗争を展開、五代氏直に代わると、織田氏・徳川氏と連合して武田氏に対抗した。

天正十年（一五八二）の武田氏滅亡後、武田旧領をめぐって徳川氏と一時対立するが、ほどなく和睦し、その後は北関東の制圧に専念した。しかし、織田信長の後継者・豊臣秀吉との関係がこじれ、天正十八年（一五九〇）、本拠・小田原城を豊臣軍に攻められ降伏、開城のあと氏政は切腹、氏直は高野山に流され、北条氏は滅亡した。

# 北条氏系図

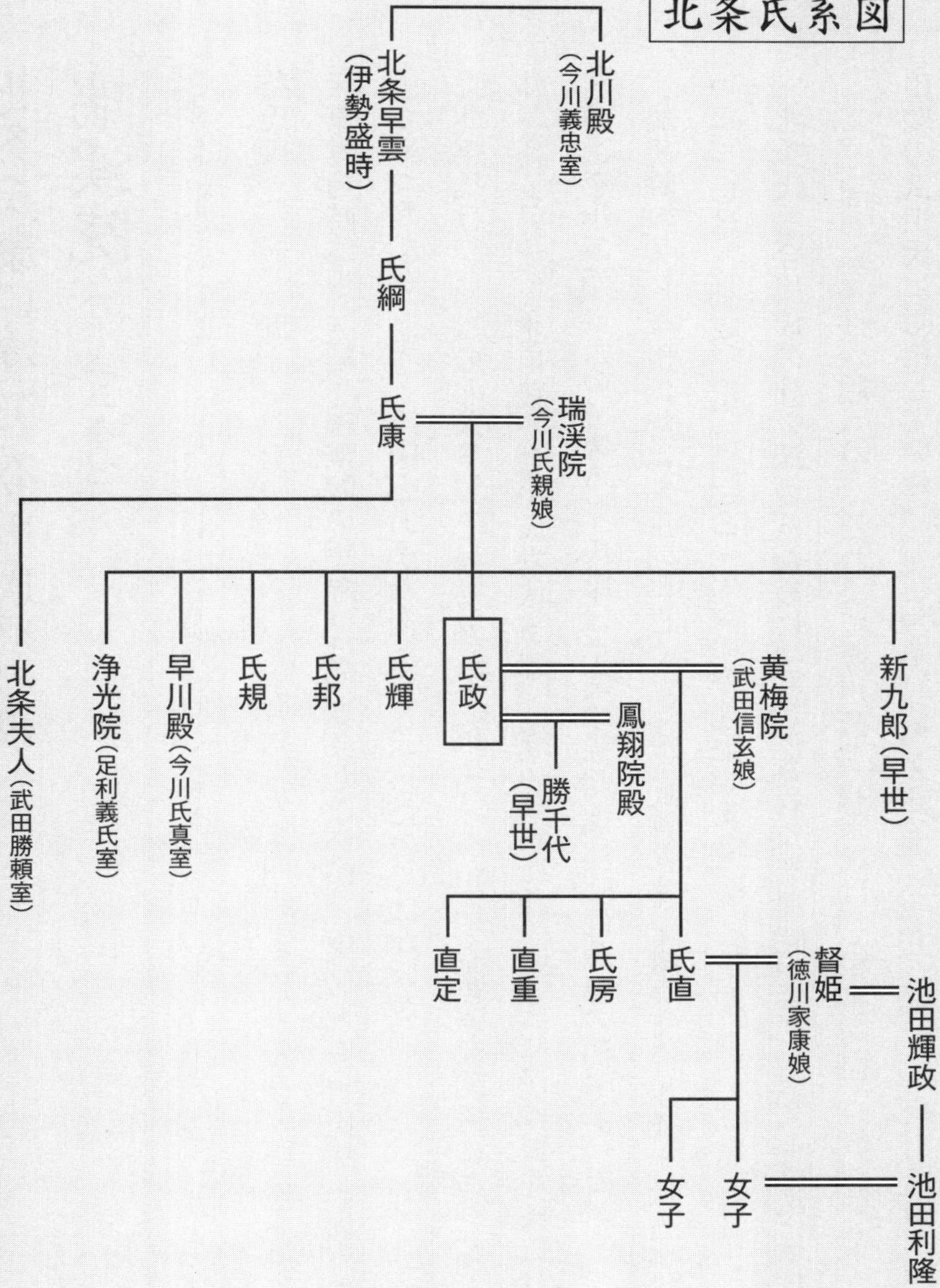

北川殿（今川義忠室）
北条早雲（伊勢盛時）
氏綱
氏康
瑞渓院（今川氏親娘）
北条夫人（武田勝頼室）
浄光院（足利義氏室）
早川殿（今川氏真室）
氏規
氏邦
氏輝
氏政
黄梅院（武田信玄娘）
新九郎（早世）
鳳翔院殿
勝千代（早世）
直定
直重
氏房
氏直
督姫（徳川家康娘）
池田輝政
女子
女子
池田利隆

# 北条氏康に嫁いだ今川氏親の娘
## 瑞渓院（?〜一五九〇）

今川氏九代当主・今川氏親《うじちか》の娘、瑞渓院《ずいけいいん》が、北条氏二代当主・北条氏綱の嫡男、北条氏康（一五一五〜一五七一）に嫁いだのは、天文四年（一五三五）頃のこととされる。氏康は当時二十一歳、瑞渓院の年齢ははっきりしないが、実兄・今川氏輝《うじてる》が氏康の二つ年上であったから、夫・氏康とあまり変わらなかったのではないか。

北条氏は、始祖の北条早雲（伊勢盛時）以来、今川氏と密接な関係にあった。早雲の姉（妹とも）・北川殿《きたがわどの》が今川氏六代当主・今川義忠《よしただ》に嫁ぎ、それが縁で北条氏は戦国大名の道を歩み始めたのである。氏康は早雲の孫、瑞渓院は義忠の孫であった。

瑞渓院の父・今川氏親は九年前に亡くなり、氏輝が後を継いで今川氏十代当主になっていた。母は、公家（中御門家《なかのみかどけ》）出身の寿渓尼《じゅけいに》である。

北条氏と今川氏の絆を深めるために、嫁がされた瑞渓院であったが、結婚後ほどなくして、思わぬ事件が起こる。それまで今川氏と北条氏は、軍事同盟（駿相同盟）を結び、甲斐の武田氏に対抗していた。ところが、天文五年（一五三六）、今川氏輝が死に瑞渓院の弟の今川義元が家督を継ぐと、今川氏は武田氏と和睦を進め、翌年には武田信玄の娘・

定恵院を義元の正室に迎えて、甲駿同盟を成立させたのである。

それを駿相同盟の破棄と受け取った北条氏綱は、今川氏へ攻撃を仕掛け、河東《かとう》地域（富士川以東の駿河国富士郡等）で両者はぶつかり合った。いわゆる河東一乱《かとういちらん》である。この乱は十年近くにわたってくすぶり続けるのだが、どういうわけか瑞渓院は、実家に帰されることがなかった。

天文十年（一五四一）、北条氏綱の死に伴い、夫・氏康が家督を継ぎ、北条氏三代当主になると、武田氏との関係が改善され、武田氏の仲立ちで今川氏との関係も修復された。瑞渓院も人心地付いたことだろう。彼女は多産の体質だったようで、氏康との間に、長男・新九郎、二男・氏政、三男・氏照《うじてる》、四男・氏邦《うじくに》、五男・氏規《うじのり》、早川殿（異母説あり）、浄光院《じょうこういん》ら、十二人の子宝に恵まれた。

もちろん、体質だけの話ではなく、夫婦仲も悪くなかったはずである。でなければ、とても十二人もの子はもうけられないであろう。長男の新九郎は天文二十一年（一五五二）に早世するが、代わりには事欠かない。天文七年（一五三八）生まれの二男・氏政が嫡男となった。また、天文二十三年（一五五四）には、甲相駿三国同盟の証として、早川殿が瑞渓院の甥に当たる今川氏真《うじざね》に嫁いでいる。

ところが永禄三年（一五六〇）、瑞渓院の実家で大変なことが起こる。今川氏当主で彼女の弟の今川義元が、桶狭間の戦いで尾張の織田信長に敗れ、戦死したのである。義元の嫡男・今川氏真が家督を継ぐが、父に比べ彼は武将としての器量に欠けたようである。今川氏は徐々に衰退に向かう。

それを見逃さなかったのが甲斐の武田信玄であった。永禄十一年（一五六八）、彼は駿河侵攻を開始し、氏真はそれに耐えきれず、今川氏は事実上滅亡する。これにより、北条氏と武田氏の同盟も破綻した。北条氏康は翌年、武田氏に対抗するため、長年の敵であった上杉謙信と相越同盟を結び、その証として、七男・北条三郎（のちの上杉景虎）を謙信の養子に送り込んだ。

元亀元年（一五七〇）、氏康は中風を患い、翌元亀二年十月三日、小田原城で死去した。死を前に氏康は、氏政ら息子たちを枕頭《ちんとう》に呼び、

「上杉氏との同盟を破棄して、武田氏と同盟を結ぶように」と言い残したという。享年五十七。家督は二男・氏政が継いだ。

氏康は上杉氏に対して不信を抱いていたようだが、それを裏付けるように八年後、謙信の死に伴う後継争い（御館の乱）で、景虎が景勝に敗れ、相越同盟は破綻する。

瑞渓院は氏康の死後二十年、北条氏の未亡人として激動の戦国の世を生き抜くが、運命は彼女に味方しなかった。武田氏が織田信長によって滅ぼされ、その信長が本能寺の変

で倒れ、後を継いだ豊臣秀吉に北条氏は追い詰められる。

そして、天正十八年（一五九〇）六月十二日、瑞渓院は、秀吉の小田原征伐のさ中に、おそらくは七十代で世を去った。状況が状況だけに自殺だったとの説もある。

## 北条氏政に嫁いだ武田信玄の娘

## 黄梅院（一五四三〜一五六九）

武田信玄と三条夫人の長女・黄梅院が、北条氏四代当主・北条氏政（一五三八〜一五九〇）に嫁いだのは、天文二十三年（一五五四）十二月のことである。この時氏政十七歳、黄梅院はまだ十二歳だった。同じ年、武田氏、北条氏、今川氏は甲相駿三国同盟を結んでおり、黄梅院と氏政の婚姻はその証として執り行われた。

信玄は、初めての娘だった黄梅院を大そう可愛がった。自らの政略とはいえ、彼女を遥か遠方へ嫁がせることに、申し訳なく且つ惜しい気持ちがあったのかもしれない。そうかあらぬか、甲府から小田原へ向かう輿入れの行列は、騎馬三千騎、随行一万人にも及ぶ豪華さだったという。

典型的な政略結婚にもかかわらず、初々《ういうい》しい二人の相性は悪くはなかったようだ。黄梅院は翌年に男子、その次の年には女子、そして、永禄五年（一五六二）に嫡男・氏直《うじなお》を産み、さらに、氏房《うじふさ》、直重《なおしげ》、直定《なおさだ》の三男をもうけている。最初の男子は夭折《ようせつ》しているが、十三歳という若齢での出産であったからかもしれない。

永禄十一年（一五六八）十二月、実父の武田信玄が、三河の徳川家康と共同して駿河侵攻を開始し、甲相駿三国同盟は破綻する。信玄は、今川義元の死後、弱体化した今川氏の領土を狙って行動を起こしたのであった。舅・北条氏康は、武田氏の行動に激怒し、黄梅院を甲斐の実家へ送り返した。

最愛の夫と離縁させられ、失意から心身を病んだのであろう、翌永禄十二年（一五六九）年六月十七日、黄梅院は二十七歳の若さで世を去った。信玄は、後ろめたさもあってか、薄幸《はっこう》の娘の菩提を弔うため、甲斐国内にその名も黄梅院という寺院を建立している。

ところでこの頃、氏政は、同じ瑞渓院を母に持つ妹の浄光院を、当時北条氏の庇護下にあった五代古河公方・足利義氏《よしうじ》に嫁がせている。ちなみに浄光院は、義氏との間に一男一女をもうけるが、長男の梅千代王丸が早世したため、義氏の死後、長女・氏姫《うじひめ》が古河公方の家督を引き継いだ。

また氏政は、黄梅院と離縁してほどなく後室を入れている。鳳翔院殿《ほうしょういんどの》と呼ばれるその女性の素性は、しかし、よく分かっていない。天正十八年（一五九〇）、氏政の七男・北条勝千代を産むが、同年六月二十二日、彼女は秀吉の小田原征伐で小田原城に籠城中、死去したとされる。氏政の生母、すなわち彼女にとっては姑《しゅうとめ》に当たる瑞渓院と共に自殺したとの説もある。

氏政自身も小田原城開城後の七月十一日、秀吉の命で切腹した。氏政がすでに家督を譲っていた嫡男・氏直は、高野山に追放処分となり、ここに、早雲以来五代にわたって続いた後北条氏は滅亡した。

## 北条氏直に嫁いだ徳川家康の娘　督姫（一五六五〜一六一五）

徳川家康の二女・督姫《とくひめ》が北条氏五代当主・北条氏直（一五六二〜一五九一）に嫁いだのは、天正十一年（一五八三）のことである。彼女の母は、家康の最初の側室とされる西郡局《にしごおりのつぼね》（鵜殿長持《うどのながもち》の娘）。氏直はこの二年前に、父・氏政の隠居に伴い、北条氏の家督を引き継いでいた。

家康は今川氏の滅亡によって、三河《みかわ》から遠江《とおとうみ》へと勢力を広げていたが、前年、武田氏の滅亡に続いて本能寺の変で織田信長が倒れると、旧武田領の信濃国や上野国《こうずけ》の領有をめぐって、北条氏直と抗争を始める（天正壬午の乱）。

両者は、甲斐国若神子《わかみこ》で対峙したあと、信長の二男・信雄《のぶかつ》、三男・信孝《のぶたか》兄弟による調停で、徳川氏が信濃と甲斐を、北条氏が上野を領有する条件で和睦に至った。その和睦の証として、督姫は氏直に輿入れしたのである。氏直二十二歳、督姫は十九歳であった。ほどなく督姫は、氏直との間に二女をもうけた。

督姫

徳川氏との和睦後、氏直は下野《しもつけ》、常陸《ひたち》方面に勢力を拡大した。信長の死後、その後継者として豊臣秀吉が台頭してくると、氏直は対秀吉戦の準備を始めた。天正十七年（一五八九）、上野における真田氏と北条氏の領地区分を定めた、秀吉の沼田裁定に北条氏側が背いたため、翌年秀吉は、臣従する全国の大名に出兵の号令を発し、小田原征伐に乗り出した。

督姫の父・家康も秀吉の命に従い出陣するが、彼女は父の取り成しに期待したに違いない。実際、家康は娘婿である氏直に対し、秀吉に恭順するよう起請文《きしょうもん》を送っている。さもなくば、娘・督姫を離縁させると警告したが、氏直は頑として応じなかった。彼は、妻よりも武士の誇りを取ったのである。

氏直は本拠・小田原城に籠城して対抗するが、総勢二十一万とも二十二万ともいわれる豊臣軍に対して、北条軍は五万六千ほどで、規模の差は歴然であった。天正十八年（一五九〇）七月五日、ついに北条側は降伏。氏政は切腹を申付けられ、氏直は高野山へ追放処分となった。これにより、百年にわたって関東に覇を唱えた後北条氏は滅亡したのである。

翌年八月、氏直は赦免され、豊臣大名として大坂での居住が許される。督姫も小田原から大坂へ駆けつけるが、十一月、氏直は疱瘡《ほうそう》で死亡。三十歳だった。督姫は関東に移封された父・家康の元（江戸城）へ帰るが、文禄《ぶんろく》三年（一五九四）、三十歳の時に秀吉の計らいで、同い年の三河国吉田城主・池田輝政《てるまさ》と再婚した。

輝政は織田信長の重臣・池田恒興《つねおき》の二男で、父と共に信長に仕えていたが、信長の死後、秀吉の臣下となった。督姫は、輝政との間に五男二女をもうけた。氏直との子は一男二女だったから、輝政との相性はよかったのだろう。また、氏直との間にできた娘二人のうち、一人は早世したが、もう一人は輝政と前妻との子・池田利隆《としたか》と結婚（婚約）している（若くして没したようだが）。

家康の娘婿となった輝政は、慶長五年（一六〇〇）の関ヶ原の合戦では東軍側に付き、戦後家康から播磨姫路《はりまひめじ》五十二万石を与えられた。そして、姫路城の大改修を行った。現在、姫路城が白鷺《しらさぎ》城と呼ばれ、世界文化遺産として人気を博しているのはそのお蔭である。

慶長十八年（一六一三）、輝政が五十歳で病死すると、二年後その後を追うように督姫も姫路城（二条城とも）で死去した。享年五十一。

# 3 今川氏

北川殿

寿桂尼

定恵院

早川殿

駿河（静岡県中部）の戦国大名・今川氏は、鎌倉時代に三河（愛知県東部）の吉良《きら》氏の分家として興った。吉良氏は、室町幕府将軍家である足利氏の親族で、足利宗家《そうけ》の継承権を有する名門であった。南北朝時代から室町時代の初期にかけて、今川氏は遠江（静岡県西部）、駿河（同県中部）の守護となり、関東防衛の要とされた。

その後、遠江の守護職は斯波《しば》氏に奪われ、応仁の乱で東軍に付いた六代義忠《よしただ》は、西軍側の斯波氏としばしば戦った。

応仁の乱後、氏親《うじちか》が九代当主になると、遠江を攻めて領国化し、跡を継いだ十一代義元《よしもと》は、三河や尾張（愛知県西部）の一部をも勢力下に置き、今川氏は全盛期を迎えた。また、十五世紀末以降、公家との婚姻などを通じて京都との交流を進めたことから、拠点の駿府《すんぷ》（静岡県静岡市）は文化都市としても賑わった。

しかし、永禄三年（一五六〇）、義元が桶狭間の戦いで織田信長に討たれ、十二代氏真《うじざね》の時代になると弱体化が進み、永禄十一年（一五六八）、駿河に進攻した武田軍に駿府を占拠され、氏真は逃亡して今川氏は滅んだ。

# 今川氏系図

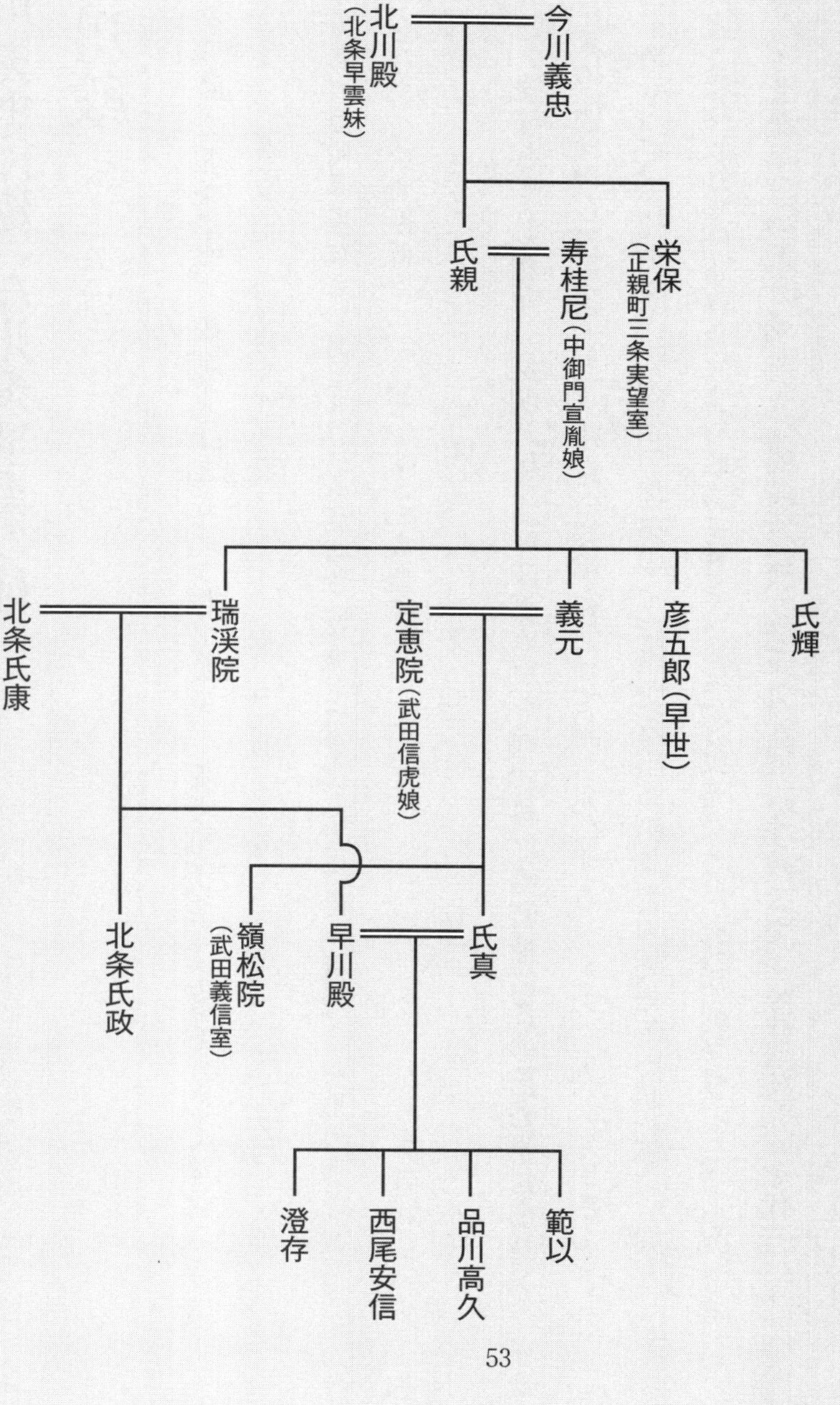
今川義忠
北川殿（北条早雲妹）
栄保（正親町三条実望室）
寿桂尼（中御門宣胤娘）
氏親
氏輝
彦五郎（早世）
義元
定恵院（武田信虎娘）
瑞渓院
北条氏康
氏真
早川殿
嶺松院（武田義信室）
北条氏政
範以
品川高久
西尾安信
澄存

# 今川義忠に嫁いだ北条早雲の姉

## 北川殿（?～一五二九）

伊勢盛時（北条早雲）の姉（妹とも）・北川殿が、駿河国守護で今川氏の六代当主・今川義忠（一四三六～一四七六）に嫁いだのは、応仁元年（一四六七）のことである。父・伊勢盛定《もりさだ》が室町幕府において、今川義忠の申次衆《もうしつぎしゅう》（参上した者の用件などを取り次ぐ役職）を務めていた関係から、持ち上がった縁組だとされる。

北川殿は、ほどなく長女・栄保を、続いて文明三年（一四七一）に嫡男・龍王丸《たつおうまる》（氏親《うじちか》）を産む。しかし、文明八年（一四七六）、義忠は、当時斯波氏の勢力下にあった遠江への遠征からの帰国途上、残党の襲撃を受けて討ち死にする。その結果、今川氏の家督をめぐって、龍王丸と、義忠の従弟の子に当たる小鹿範満《おしかのりみつ》との間で争いが勃発。堀《ほり》越公方《こしくぼう》・足利政知《まさとも》や関東執事・上杉政憲《まさのり》を巻き込んだ騒動となるが、北川殿が頼った弟（兄とも）・北条早雲の取り成しで、当時六歳の龍王丸が成人するまで、範満が家督を代行することで決着がついた。

ところが、龍王丸が成人しても範満は、家督代行を退こうとはしなかった。文明十九年（一四八七）、北川殿が再び早雲に訴えると、彼は駿府館（駿府にあった今川氏の居館）

の範満を滅ぼし、龍王丸はようやく名実ともに今川氏九代当主の座に付いたのだった。この功績により、早雲はのちに龍王丸から駿河国興国寺《こうこくじ》城を与えられ、北条氏の関東進出の足掛かりとした。

龍王丸は駿府館に入って元服し、氏親と改名した。北川殿も息子と共に駿府に帰り、駿府館近くの安倍川支流北川沿いに別荘を建て、そこに住んだ。彼女が北川殿と呼ばれるようになったのは、そのためである。

こうして北川殿は、北条早雲の力を最大限活用して、自らの地歩を固めていったが、彼女が今川氏に対して果たした役割は、それだけではなかった。

北川殿は、京都の幕府と関係のあった伊勢氏の出身であり、今川氏は彼女を通じて、京都の文化や公家社会と深い関わりを持つようになる。長享《ちょうきょう》元年（一四八七）、彼女の長女・栄保が正親町三条実望《おおぎまちさんじょうさねもち》に嫁ぎ、永正《えいしょう》二年（一五〇五）には、嫡男・氏親の妻に中御門宣胤《なかみかどのぶたね》の娘・寿桂尼《じゅけいに》を迎えている。北川殿や氏親は連歌・和歌など様々な京文化に親しみ、駿府は京を模した街づくりが行われて、「東国の京」と呼ばれた。

大永《たいえい》六年（一五二六）、北川殿は愛息・氏親に先立たれる。その三年後の享禄《きょうろく》二年（一五二九）五月二十六日、駿府で亡くなった。七十歳を越えていたと思われる。

# 女戦国大名と呼ばれた今川氏親の正室

## 寿桂尼（?～一五六八）

藤原北家《ほっけ》、勧修寺流《かじゅうじりゅう》中御門家《なかのみかどけ》当主・中御門宣胤《のぶたね》の娘、寿桂尼《じゅけいに》が、今川氏九代当主・今川氏親《うじちか》（一四七一～一五二六）に嫁いだのは、永正二年（一五〇五）（永正五年説も）のことである。氏親三十五、寿桂尼の年齢ははっきりしない。

中御門家は名家の家格を有する公家で、寿桂尼の父・宣胤は権大納言《ごんだいなごん》を務め、姉は山《やま》科《しな》言綱《ときつな》の正室である。ちなみに、『言継卿記《ときつぐきょうき》』の作者で、多くの戦国大名との交流で有名な山科言継は、言綱の息子である。

寿桂尼は、永正十一年（一五一四）に長男・氏輝《うじてる》を出産、その後、二男・彦五郎、三男（氏親の五男）・義元《よしもと》を産み、女子も三人もうけた。

この頃、氏親は北条早雲と共に関東進出や三河国への侵攻を図り、また遠江国では、かつて同国の守護職を今川氏から奪った斯波《しば》氏と戦ってこれを制し、さらには、甲斐の戦国大名・武田信虎ともたびたびぶつかっている（氏親は、信虎に反抗する信濃の国衆・大井信達《のぶさと》を支援していた）。

そんな活発な軍事行動の一方で、氏親は、寿桂尼を正室としたことで京の文化に触れ、妻と共に和歌や連歌に親しみ、駿府の街に京の雰囲気をもたらした。氏親が晩年中風に罹《かか》り寝たきりになると、寿桂尼が国務を補助した。大永《だいえい》六年（一五二六）、今川氏の分国法である『今川仮名目録』が氏親名で制定されるが、実際は寿桂尼と氏親の側近が協力して仕上げたものとされる。

同年、氏親が死去すると、氏輝が家督を継ぐが、まだ十四歳という若齢であったため、寿桂尼が二年にわたって自身の押印《おういん》で公文書を発給し、国務を取り仕切った（家臣に任せなかったのは、それによって、お家を乗っ取られることを危惧したからかもしれない）。

ともあれ、寿桂尼は育ちがいいだけでなく、よほど聡明で意志のしっかりした女性だったのだろう。「女戦国大名」と呼ばれる所以《ゆえん》である。

天文五年（一五八六）、彦五郎、氏輝が相次いで病死、彼女は出家していた十八歳の実子・梅岳承芳《せんがくしょうほう》（義元）を還俗させるが、氏親の側室の子・玄広恵探《げんこうえたん》との間で家督争いが起こる（花倉《はなくら》の乱）。両者攻防の末、武田氏の支援も受けた義元が恵探を退け、今川氏の家督を継いだ。

義元が当主となった結果、武田氏と今川氏の和睦が成立し、同年、寿桂尼は、武田信玄と京の公家・三条公頼《きんより》の娘（三条夫人）との結婚を仲立ちしている。義元には太原雪斎《たいげんせっさい》という優秀な軍師が付いていたので、寿桂尼は安心して国務を義元に任せることができた。今川氏は義元の時代に全盛期を迎える。

ところが、永禄三年（一五六〇）、今川氏と織田氏が戦った桶狭間の戦いで義元がまさかの戦死。義元の後を継いだ嫡男・氏真《うじざね》は、義元ほどの器量がなく、寿桂尼は再び政治に関わりを持つが、今川氏は徐々に衰退の道を進んだ。

永禄十一年（一五六八）三月十四日、寿桂尼死去。七十代あるいは八十代の長寿であった。その半年後、今川氏は武田信玄の攻撃（駿河侵攻）を受けて滅亡に至り、寿桂尼のそれまでの努力は水泡《すいほう》に帰したのであった。

## 今川義元に嫁いだ武田信玄の姉
## 定恵院（一五一九〜一五五〇）

武田信虎の長女・定恵院《じょうけいいん》が、今川氏十一代当主・今川義元（一五一九〜一五六〇）に嫁いだのは、天文六年（一五三七）二月十日のことである。彼女の母は大井の方であり、信玄とは同母姉弟であった。新郎新婦は同い年で、ともに十九歳の春を迎えていた。義元はこの前年に家督争い（花倉の乱）の末、当主の座に就いたばかりであった。

この結婚は、武田氏と今川氏の甲駿同盟を強化するためのものであったが、長く今川氏の同盟国で、武田氏と対立していた北条氏の当主・北条氏綱の怒りを買い、北条軍が東から駿河に侵攻して、今川軍と衝突する事態となった。義元は武田氏の力を借りて反撃しようとするが、内部の対立もあって及ばず、富士川東岸の河東《かとう》地域を北条軍に占領された（河東一乱）。

結婚翌年の天文七年（一五三八）、定恵院は長男・氏真を産む。その後も、義元との間に嶺松院《れいしょういん》ほか一女をもうける。天文十年（一五四一）、定恵院の父・武田信虎が、信濃侵攻の合間に駿府を訪れる。孫の顔でも見ようと思ったか。だが、甲斐では信虎の嫡男・信玄がクーデターを起こし、信虎は帰国できなくなってしまう。

父と弟の争いを目の当たりにして、定恵院の衝撃は小さくなかったろう。ともあれ、そのまま信虎は今川氏の預かりの身となる。この時、信虎四十七歳、定恵院は二十三歳であった。幸い義元は、信玄とも良好な関係を保つ。武田氏の支援を受けて、北条氏を河東から駆逐、また、三河へも進出し、西三河の松平広忠《ひろただ》を帰順させて、嫡男の竹千代（のちの徳川家康）を人質とした。

しかし、三河への侵攻は尾張の織田氏を刺激した。天文十七年（一五四八）、織田信《のぶ》秀《ひで》が反撃してくるが、今川軍は松平軍を支援して織田軍を返り討ちにしている（第二次小豆坂《あずきざか》の戦い）。そんな動乱の中、定恵院は天文十九年（一五五〇）六月二日に死去する。まだ三十二歳の若さだった。

義元の悲しみもさることながら、今川氏の食客で、日頃、娘の定恵院に何かと励まされていたであろう信虎の落胆は、さぞ大きかったに違いない。ともあれ、彼女の死は、新たな婚姻の呼び水となる。

定恵院が死去して二年後の天文二十一年（一五五二）、彼女の娘・嶺松院が、信玄の長男で彼女の甥に当たる義信に嫁ぎ、甲駿同盟が強化される。さらに、信玄の長女で彼女の姪に当たる黄梅院が北条氏政に嫁ぎ、彼女の長男・今川氏真に北条氏康の娘・早川殿が嫁ぐことで、甲相駿三国同盟が形成された。

これにより義元は、安心して三河の織田氏への攻勢を強めていった。ところが永禄三年（一五六〇）五月、義元が松平元康《もとやす》（のちの徳川家康）らを従えて、尾張国への侵攻を開始した際、桶狭間で休息中に織田信長率いる軍勢の急襲を受け、義元は奮戦するもついには首級を取られてしまった（桶狭間の戦い）。享年四十二。

武田信虎は、定恵院に続いて頼みの綱であった義元を失い、いよいよ駿河に居づらくなったのか、ほどなく、信玄の正室・三条夫人の実家である三条家を頼って、京へと移っている。

# 今川氏真に嫁いだ北条氏康の娘
## 早川殿（?〜一六一三）

北条氏三代当主・北条氏康の長女、早川殿《はやかわどの》が、今川氏十一代当主・今川義元の嫡男、今川氏真《うじざね》（一五三八〜一六一五）に嫁いだのは、天文二十三年（一五五四）七月のことであった。この時、氏真は十七歳、早川殿の年齢は不詳であるが、氏真より少し年上だったようだ。なお、彼女の生母は瑞渓院《ずいけいいん》とされているが、異説もある。

早川殿

この婚姻は、甲相駿三国同盟の結成に伴う今川氏と北条氏の結びつきを強化するものであった（同様に武田氏と北条氏、北条氏と今川氏の間でも政略的婚姻が行われている）。

永禄元年（一五五八）頃、氏真は義元から家督を譲られ、今川氏十二代当主となる。早川殿は氏真との間に女子をもうけるが、永禄三年（一五六〇）、桶狭間の戦いで今川軍は織田軍に破れ、義元が戦死してしまう。

その混乱に乗じて、それまで今川氏に人質として預けられていた三河国の松平元康（のちの徳川家康）が、駿府を脱出して松平氏の居城であった岡崎城へ帰還、今川氏と断絶し織田氏側についた。これが、今川氏衰退の始まりであった。

永禄五年（一五六二）、氏真は自ら兵を率いて三河国一宮《いちのみや》に攻め入るが、元康に撃退される。また、遠江においても、井伊谷《いいのや》の井伊直親《いいなおちか》、引馬《ひくま》城主・飯尾連龍《つらたつ》ら国衆が離反の動きを見せ、氏真は重臣に命じて井伊直親を殺害、飯尾連龍も謀殺して引馬城（のちの浜松城）を開城させている。

ところでこの頃、氏真は二十代半ばになっていたが、祖母・寿桂尼の後見を受けていたようである。彼が父・義元に比べ武人としての器量が劣っていた所為《せい》とされるが、寿桂尼の権勢がいまだ盛んだったとも受け取れよう。であるなら、若い早川殿にとって、寿桂尼はかなり煙たい大姑《おおじゅうとめ》だったのではないか。

永禄八年（一五六五）、武田信玄の嫡男・義信が謀反の疑いで幽閉され、正室の嶺松院が実家の今川家へ帰される事件が起きる。嶺松院は今川義元の娘で氏真の妹、早川殿にしてみれば、小姑《こじゅうと》が出戻ってきたわけである。

嶺松院が離縁されたことで、三国同盟のうち甲駿同盟は破綻した。永禄十一年（一五六八）十二月、信玄は徳川家康と共同して駿河侵攻を開始、武田軍が駿府を占拠すると、氏真は遠江国掛川城へ逃れた。

逃亡に際し、氏真は早川殿の乗り物を用意することができず、彼女は徒歩で移動しなければならなかった。この娘の災難に憤った北条氏康は、武田氏との同盟（甲相同盟）を破棄し、上杉謙信との同盟（越相同盟）に切り替えて、氏真の支援に乗り出した。

永禄十二年（一五六九）、掛川城が徳川家康によって開城されると、氏真は早川殿を連れ、彼女の実家である北条氏を頼って伊豆戸倉《いずとくら》城に入った。これをもって、今川氏は事実上滅亡したとされる。その後二人は、小田原早川の屋敷に移ったが、早川殿の名はこの地名から来ているとされる。故郷に帰った安堵からか、元亀元年（一五七〇）、早川殿は長男・今川範以《のりもち》を産む。

しかし、翌年彼女の父・北条氏康が死ぬと、氏真の駿河帰国の望みは絶たれ、岡崎城から浜松城へ本拠を移していた徳川家康を頼った。かつての人質に、氏真は恥を忍んで頭を下げたのである。

浜松に移ってから、早川殿は二男、三男、四男の三児を産んだ。氏真と早川殿は共に三十代に達しており、しかも居候のような立場で、妊娠・出産を繰り返したところを見ると、夫婦仲は良かったのだろう。

氏真は武人としての能力は劣っていたかもしれないが、和歌・連歌・蹴鞠《けまり》などを嗜《たしな》む文化人であり、おそらく女性にも優しかったのだろう。信玄が氏真を暗殺しようと刺客を送り込んだ時、それを知った早川殿が船を仕立て、夫・氏真を乗せて浜松を脱出したという伝説も残されている。

その後、早川殿は氏真と共に浜松を離れ、京都を経て江戸に移り、慶長十八年（一六一三）二月十五日に江戸で没した。翌年、その後を追うように氏真が七十八歳で世を去った。ちなみに、甲相駿三国同盟によって組まれた三つの政略結婚のうち、最後まで離婚しなかったのは氏真と早川殿だけであった。

# 4 上杉氏

仙桃院

菊姫

桂岩院

清円院

上杉氏は、藤原北家勧修寺流の流れを汲む公家であったが、鎌倉時代の後期に宗尊親王《むねたか》に従って鎌倉に下向し、足利氏と姻戚関係を結び武家となった。室町時代には関東管領の職を世襲し、相模（神奈川県）、武蔵（東京都・埼玉県）、上野（群馬県）、越後（新潟県）などの守護大名を務めたが、一族は諸家に分かれ、山内《やまのうち》上杉氏と扇谷《おうぎがやつ》上杉氏の内紛により勢力が衰えた。天文十五年（一五四六）、扇谷上杉氏は北条氏に滅ぼされ、山内上杉氏も永禄四年（一五六一）、同家当主の上杉憲政《のりまさ》が、山内上杉氏の名跡と関東管領職を越後守護代である三条長尾家当主・長尾景虎（上杉謙信）に譲った。

謙信は越後を拠点に関東、北陸へと勢力拡大を図り、その間には、北信濃の領有をめぐって、甲斐（山梨県）の武田信玄と五回にわたって戦いを繰り広げた（川中島の戦い）。謙信の死後、養子である景勝と景虎の間で、家督争いが起こる（御館の乱）。乱を制し家督を継いだ景勝は、織田信長の死後、豊臣秀吉に仕え五大老の一人となり、会津（福島県西部）に移封されるが、慶長五年（一六〇〇）、徳川家康に敵対し、関ヶ原の合戦のきっかけを作った。その結果、戦後米沢《よねざわ》藩（山形県東南部）に減封された。

# 上杉氏系図

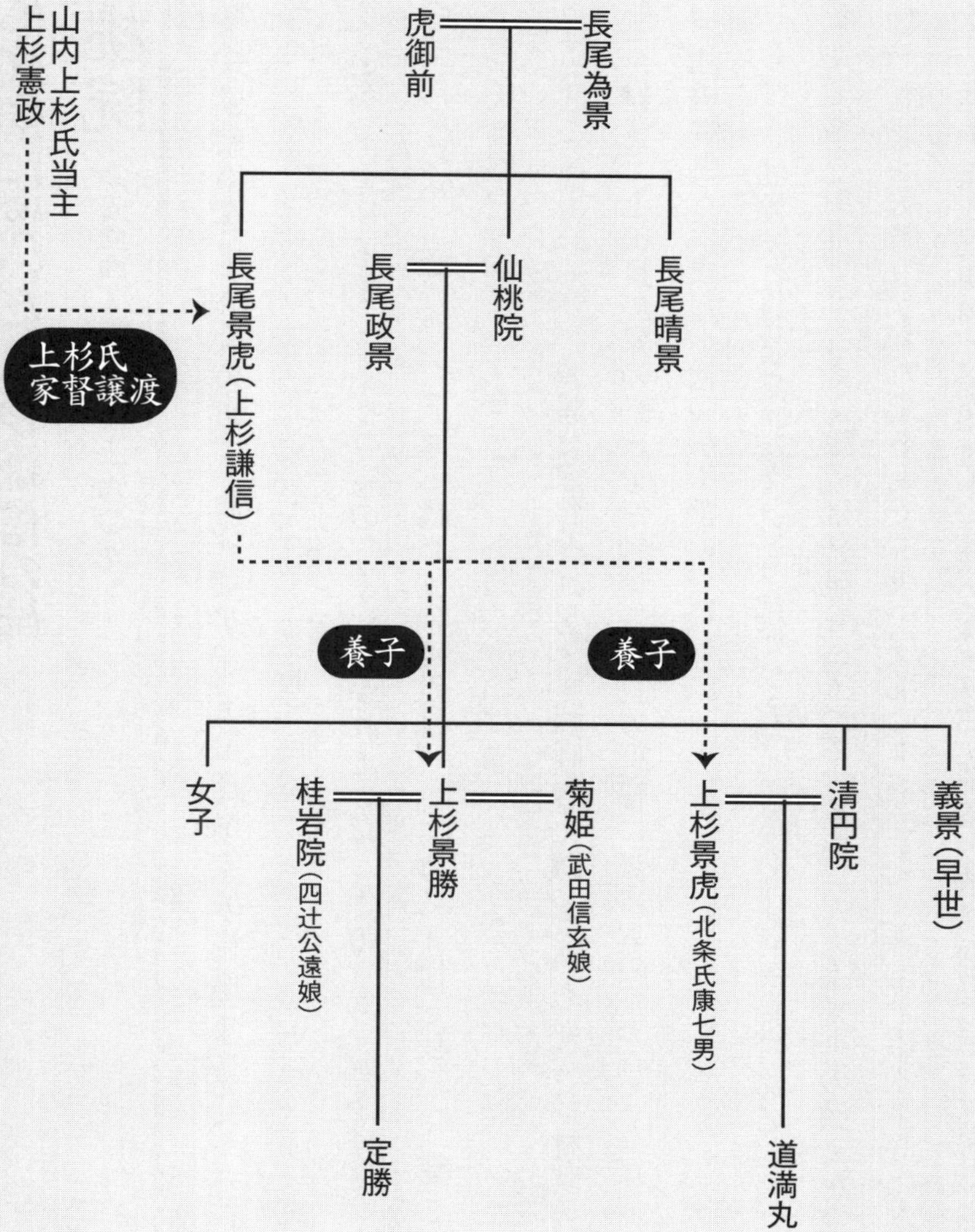

山内上杉氏当主
上杉憲政
上杉氏家督譲渡
虎御前
長尾為景
長尾景虎（上杉謙信）
長尾政景
仙桃院
長尾晴景
養子
養子
女子
桂岩院（四辻公遠娘）
上杉景勝
菊姫（武田信玄娘）
上杉景虎（北条氏康七男）
清円院
義景（早世）
定勝
道満丸

# 長尾政景に嫁いだ上杉謙信の姉
## 仙桃院
（一五二四／一五二八〜一六〇九）

三条長尾家の長尾為景《ためかげ》の娘・仙桃院《せんとういん》が、上田長尾家の長尾政景《まさかげ》（一五二六〜一五六四）と婚約したのは、天文六年（一五三七）頃のことである。当時、越後長尾氏は、上田長尾家、古志《こし》長尾家、三条長尾家の三家に分かれていた。このうち、三条長尾家は代々越後守護代を務めてきたが、同家七代当主の為景は、あらゆる手段を使って主家の越後守護・上杉氏に取って代わろうとする、下剋上を絵に描いたような人物だった。

天文五年（一五三六）、為景は家督を嫡男・長尾晴景《はるかげ》に譲っていたが、仙桃院の婚姻は、対立する分家・上田長尾家の動きを牽制する為景の思惑によるものだったようだ。この時、政景、仙桃院ともにまだ十代の前半であった。

ところで、仙桃院には長尾景虎《かげとら》という弟がいた。のちの上杉謙信である。兄・晴景が三条長尾家の家督を継ぐと、謙信は林泉寺《りんせんじ》に入って、住職・天室光育《てんしつこういく》の教えを受けた。しかし、晴景は病弱のうえ力量不足で国衆の反乱に手を焼き、謙信を頼るようになる。

天文十三年（一五四四）、弱冠十五歳の謙信は、晴景の依頼を受け、栃尾《とちお》城に攻め寄せた豪族を鎮圧、華々しい初陣《ういじん》を遂げる。それから四年後、謙信は兄・晴景の養子となり、三条長尾家の家督を譲り受けた。

そして天文十九年（一五五〇）、越後守護の上杉定実《さだざね》が後継者の定まらないまま死去すると、室町幕府は二十一歳の謙信を越後国主に任命した。が、この年、謙信の国主就任を面白く思わない、仙桃院の夫・長尾政景が謙信に反旗を翻す。謙信は政景方の居城である板木《いたぎ》城と坂戸《さかど》城を相次いで落とし、反乱を鎮圧した。

長尾政景夫（左）と仙桃院

仙桃院は聡明な女性だったようだから、夫と弟との力の差を素早く見抜き、さっさと白旗を上げるよう、夫に忠告したのかもしれない。そうかあらぬか、政景は助命され、以後は謙信に臣従するようになる。

天文二十二年（一五五三）以降、謙信は信濃国の国衆・村上義清《よしきよ》らの依頼で、信濃に侵攻する甲斐の武田信玄と、川中島で五回にわたって戦いを繰り広げる（川中島の戦い）。その間にも謙信は、関東管領・上杉憲《のり》政《まさ》の依頼を受け、関東各地を転戦した。

そして、第四次川中島合戦の行われた永禄四年

（一五六一）、謙信は憲政から関東管領職と上杉氏の家督を相続したのであった。

仙桃院は、政景との間に長男・義景《よしかげ》、二男・景勝《かげかつ》と他に二女をもうけたが、義景は早世している。永禄七年（一五六四）、政景が野尻池で溺死すると、仙桃院は景勝と共に謙信の居城である春日山城《かすがやま》へ移り住み、この時、景勝は謙信の養子となった。

謙信は生涯独身であったが、それは母の虎御前《とらごぜん》（信心深く、謙信に宗教的な影響を与えたといわれる）や姉の仙桃院が余りに立派な女性だったため、普通の女では満足できなかったのだという説もあるようだ。

その後、謙信は関東や越中で闘いを繰り広げ、天正四年（一五七六）には十五代将軍・足利義昭の呼びかけに応じて、織田信長包囲網の一翼を担い、翌年の加賀国手取川《てどりがわ》の戦いで柴田勝家《かついえ》が率いる織田軍を撃破する。信長は謙信の強さを思い知ったに違いない。しかし、天正六年（一五七八）三月九日、謙信は春日山城で遠征の準備中に急病死した。四十九歳だった。

謙信の死は、仙桃院に思わぬ悲劇をもたらした。息子・景勝と、北条氏から謙信の養子に入っていた景虎の間で家督争いが起こったのだ（御館の乱）。しかも、景虎には娘・清円院《せいえんいん》を嫁がせていた。息子と娘婿による、正に骨肉の争いである。

この時、仙桃院は春日山城を出て、清円院や孫たちと共に景虎の籠る御館《おたて》（春日山城下にあった上杉憲政の館）に入ったが、御館への景勝の攻撃が始まると、再び春日山城に戻っている。しかし清円院は、景虎を逃がしたあと一人御館で自害した。

御館の乱を制した息子・景勝が上杉氏の家督を継ぐことになったが、そのために仙桃院は娘（清円院）を失ったのであった。その後、彼女は景勝に従い、動乱の戦国時代を生き抜いた。上杉氏は、慶長三年（一五九八）に会津移封となり、さらに慶長六年（一六〇一）には米沢への移封となるが、彼女はいずれにも随行した。慶長十四年（一六〇九）、大改修中の出羽《でわ》国米沢城で死去。八十歳を超える大往生であった。

## 上杉景勝に嫁いだ武田信玄の娘
## 菊姫（一五五八〜一六〇四）

武田信玄の五女・菊姫《きくひめ》が上杉景勝（一五五五〜一六二三）に嫁いだのは、天正七年（一五七九）のことである。前年、上杉家では当主・上杉謙信の死去に伴い、謙信の養子である、景勝と景虎が家督継承をめぐって争いを起こした（御館の乱）。

菊姫の異母兄・武田勝頼は、信玄の死後、武田氏の家督を継ぐが、天正三年（一五七五）

の長篠の戦いで織田・徳川連合軍に大敗し、両氏への対抗上、上杉氏との同盟を志向する中、その後継者争いに介入する。ちなみに、菊姫の生母は油川夫人、勝頼の生母は諏訪御料人である。

当初勝頼は、正室・北条夫人の兄である景虎を支援するため、越後に出兵するが、景勝の要請で両者の和睦を調停し、それに成功する。ところが、勝頼が撤兵した直後、景勝は景虎を追放し、上杉氏の当主の座を我が物にしてしまった。

このため、武田氏と北条氏の甲相同盟は破綻し、勝頼は景勝との間で新たに甲越同盟を結び、その証として異母妹の菊姫を景勝に嫁がせたのであった。ちなみに、彼女はその時、長島《ながしま》一向宗《いっこうしゅう》願証寺《がんしょうじ》の僧と婚約していたとされる。

才色兼備の菊姫は、上杉家内で「甲州《こうしゅう》夫人」あるいは「甲斐御料人《かいごりょうにん》」と呼ばれ、家臣たちからも敬愛された。そんな彼女が、数年後に実家・武田氏が滅亡しようなどとは思ってもみなかっただろう。

天正九年（一五八一）、遠江国の高天神《たかてんじん》城を徳川軍に落とされると、武田氏の権威は失墜し、同氏内部にも動揺が走った。勝頼は、同年末に本拠を甲府の躑躅ヶ崎館から韮崎《にらさき》の新府城《しんぷじょう》に移すが、信玄の娘婿である木曽義昌《よしまさ》や穴山信君《のぶただ》までが織田・徳川方に寝返り、一挙に窮地に立たされた。

そして、翌年三月、織田・徳川・北条三氏による甲州征伐が始まると、勝頼は捲土《けんど》重来《ちょうらい》を期して、親族らと共に新府城を脱出するが、天目山で織田軍の攻撃を受け、嫡男・信勝と共に自害、ここに甲斐武田氏は滅んだのである。

この時、軍事同盟である甲越同盟は機能せず、上杉氏は武田氏の救援に向かうことはなかった。政略結婚であったはずの自分の嫁入りが、実家の生き残りに役立たなかったことを、菊姫はさぞかし無念に思っただろう。景勝にしてみれば、越後国内の情勢が不安定なこともあり、とても出兵できる状況ではなかったようだ。

天正十年（一五八二）五月、景勝は越中に侵入してきた織田軍に魚津《うおづ》城の戦いで大敗するが、ひと月後、本能寺の変で信長が急死したため、難を逃れた。その後、武田旧領をめぐり北条氏や徳川氏と抗争を続けたが、信長の後継者として羽柴秀吉（のちの豊臣秀吉）が台頭すると、彼に臣従した。長いものに巻かれた格好である。

天正十八年（一五九〇）の小田原征伐の際、菊姫は秀吉の命で人質として上洛し、文禄四年（一五九五）に伏見の上杉屋敷に移り、死ぬまでその地を離れなかった。上杉氏の、秀吉による会津移封、家康による米沢移封にも彼女は従わなかったのである。慶長九年（一六〇四）二月十六日死去。四十七歳だった。

# 上杉家の跡取りを産んだ景勝の側室
# 桂岩院（?～一六〇四）

京都の公卿・四辻《よつつじ》公遠《きんとお》の娘、桂岩院《けいがんいん》が、上杉景勝の側室になったのがいつのことか、はっきりとは分かっていない。景勝は文禄三年（一五九四）に秀吉の命で上洛し、豊臣景勝として権中納言に転任しているが、おそらくはそれ以降のことであろう。

四辻家は羽林家《うりんけ》の家格を有し、和琴《わごん》、箏《そう》を家業とする公家であった。結婚の経緯について、ある商人の斡旋で景勝が彼女を見初《みそ》めたという説もあるが、権大納言を務める公遠との、政略的な狙いのある縁組だったのだろう。

文禄四年（一五九五）、景勝は五大老の一人に選ばれ、三年後には秀吉から会津百二十万石に加増移封される。慶長三年（一五九八）、秀吉が死ぬと、石田三成《みつなり》と親しかった景勝は、徳川家康と対立する。慶長五年（一六〇〇）三月、景勝が家臣の直江兼続《なおえかねつぐ》に神指《こうざし》城の建築を命じたことに対し、家康は軍事力の増強として非難し、上洛して申し開きをするよう彼に求めた。

それを兼続が挑発的な返書（直江状《なおえじょう》）で拒否。憤慨した家康は、景勝を成敗するため、大軍を会津に差し向けたのだった。ところが、家康の留守を狙って石田三成が大坂で挙兵。

下野国小山《しもつけのくにおやま》まで進んでいた家康は、三成を討つため急遽京へと引き返す。それを知るや、景勝は会津から出兵し、東北において家康側の伊達政宗《だてまさむね》や最上義光《もがみよしあき》らと戦った（慶長出羽合戦）。

一方、三成率いる西軍と家康率いる東軍は、九月十五日、美濃国関ヶ原で激突。わずか一日の戦闘で、家康側が勝利を収めた（関ヶ原の合戦）。景勝は兼続と共に上洛して家康に謝罪し、その結果、上杉氏は改易《かいえき》を免れ存続を許されたが、出羽米沢への減封となった。

桂岩院は、上杉氏が米沢へ移ったあと、慶長九年（一六〇四）五月に米沢城で長男・玉丸（のちの定勝《さだかつ》）を産んでいる。しかし、産後の肥立ちが悪く、出産から三ヶ月後に亡くなった。景勝は薄幸の妻の死を深く悲しみ、家老の直江兼続に命じて丁重な葬儀を行っている。この年の二月、景勝の正室・菊姫が京都伏見で亡くなっており、桂岩院の死は菊姫の怨念によるものと、まことしやかな噂が流れたという。

ところで、景勝には男色の性癖があったとされる。世継ぎを確保するため、直江兼続が、遊女であった桂岩院をあえて男装させて景勝に近づけ、定勝を産ませた。それを知って嫉妬に狂った菊姫を恐れて、桂岩院は自害したという説まであるようだ。ちなみに、出羽米沢藩主となった定勝の四女・富子《とみこ》は、赤穂《あこう》事件で有名な吉良上野介《きらこうずけのすけ》に嫁いでいる。

# 上杉景虎に嫁いだ謙信の姪
# 清円院（一五五六？～一五七九）

長尾政景の長女・清円院《せいえんいん》が、上杉謙信の養子・上杉景虎（一五五四～一五七九）に嫁いだのは、元亀元年（一五七〇）のことである。景虎は十七歳、清円院は十五歳ぐらいだったとされる。二人の祝言は越後春日山城で行われ、二人のために同城の三の丸に屋敷が用意された。

清円院の母は、上杉謙信の姉・仙桃院である。永禄七年（一五六四）に政景が死去して以降、仙桃院は子供たちと共に春日山城主の弟・謙信の元に身を寄せていた。清円院にしてみれば、近しい叔父の養子に嫁ぐということであったが、彼女は結婚相手をそれほどよく知っていたわけではなかったろう。

というのも、新郎の景虎はこの年の四月に、上杉謙信の養子になったばかりであった。彼は北条氏三代当主・北条氏康の七男で、それまでは北条三郎と称しており、謙信の養子になるに際して、謙信の初名である「景虎」という名を与えられたのである。

上杉氏と北条氏は長らく敵対関係にあったが、永禄十一年（一五六八）、武田氏の駿河侵攻によって、北条氏康は武田氏との甲相同盟を破棄し、武田氏のライバル・上杉氏と手を組んだ。そして、両者の同盟（越相同盟）締結に際して、氏康は北条氏から謙信に養子（景虎）を差し出し、謙信はその養子に姪（清円院）を嫁がせることが決められたのであった。

当初氏康は、景虎の兄である北条氏政の二男・国増丸《くにますまる》を謙信の養子にしようと考えたが、氏政が固辞したため、急遽景虎に白羽の矢が立ったのである。七男に生まれた景虎は、幼少時に箱根早雲寺《そううんじ》に預けられ、十五の時に大叔父《おおおじ》・北条幻庵《げんあん》の養子となり（一時、武田氏の人質になっていたともいわれる）、幻庵の娘を妻としていた。そんな北条氏の傍流にいた景虎には、正に青天の霹靂《へきれき》であったろう。

ともあれ、清円院にとって景虎の印象は悪くなかったようで、二人の間に次々と子供が生まれる。結婚翌年に長男・道満丸《どうまんまる》、その後も一男二女に恵まれた。

ところで、上杉謙信にはもう一人養子がいた。清円院の実兄・上杉景勝である。景勝は父・長尾政景の死に伴い、母（仙桃院）や妹と共に謙信の庇護下に入った時、実子のない謙信の養子になっていたのである。

天正六年（一五七八）、謙信が後継者を指名せぬまま病没すると、景虎と景勝の間で家督争いが起こる。その背景には、上杉氏の複雑な内部事情が絡んでいるようだが、当初は北条氏の後ろ盾のある景虎が優位に立つ。甲相同盟に基づき武田勝頼が、仲介に入ったからなおさらである。

ところが、景勝は領土問題で勝頼に譲歩し、武田氏との間で甲越同盟を結んでしまう。勝頼の調停で一時は景虎と景勝は和睦するが、勝頼が徳川氏の武田領侵攻により甲斐へ帰国すると、景勝は待ってましたとばかりに景虎に攻撃を仕掛けた。

景虎側は春日山城下の御館（前関東管領・上杉憲政の屋敷）に籠っており、その中には景虎の妻・清円院と道満丸ら子供たちもいた。天正七年（一五七九）三月、深い積雪で北条氏の援軍が来ぬまま、御館は落城してしまう。

この時、景勝は実妹・清円院に投降を呼びかけたが、彼女はそれに応じず、景虎を逃がしたあと一人自ら命を絶った。夫と兄との板挟み——戦国の世ではよくある話というものの、彼女の心境を思うとやはり忍びない。享年二十四。

九歳になっていた道満丸は、上杉憲政に連れられて景勝の元へ向かう途中、憲政ともども何者かによって殺害されている。景虎は、兄の北条氏政を頼って小田原城を目指すが、鮫ケ尾《さめがお》城主・堀江宗親《むねちか》の謀反に遭って自害した。享年二十六。この結果、上杉氏の家督は完全に景勝の手中に収まったのであった。

# 5 織田氏

土田御前
濃姫
生駒吉乃
お鍋の方
松姫
徳寿院
お市の方

織田氏の起源は越前《えちぜん》（福井県）の豪族で、同国の守護・斯波《しば》氏の被官であった。十五世紀初頭、斯波氏が尾張《おわり》（愛知県西部）の守護を兼任すると、織田氏はそれに従って当地に移り、代々尾張の守護代を務めるようになる。

十六世紀に入り、主君・斯波氏の衰退によって台頭してきたのが、織田氏の中では支流の弾正《だんじょうの》忠《じょう》家であった。同家の織田信秀は、やがて三河（愛知県東部）の松平氏・今川氏、美濃（岐阜県南部）の斎藤氏らと抗争するまでになった。

信秀の後を継いだ信長は、主君・斯波氏を追放して尾張を統一。今川氏を桶狭間の戦いで破り、松平家康（のちの徳川家康）と同盟を結んだ。永禄十一年（一五六八）、足利義昭を奉じて上京し、義昭を十五代将軍の座に就けるが、やがて両者は離反、義昭の命で朝倉氏、浅井《あざい》氏、武田氏などによる信長包囲網が敷かれた。

しかし、武田信玄が西上途上に病死すると、信長は反対勢力を個別に撃破し、義昭を追放（室町幕府滅亡）。天正十年（一五八二）には、武田氏を滅ぼして天下統一を図るが、本能寺の変で明智光秀の謀反にあって自害した。その後、豊臣秀吉が天下統一を果たす。

# 織田氏系図

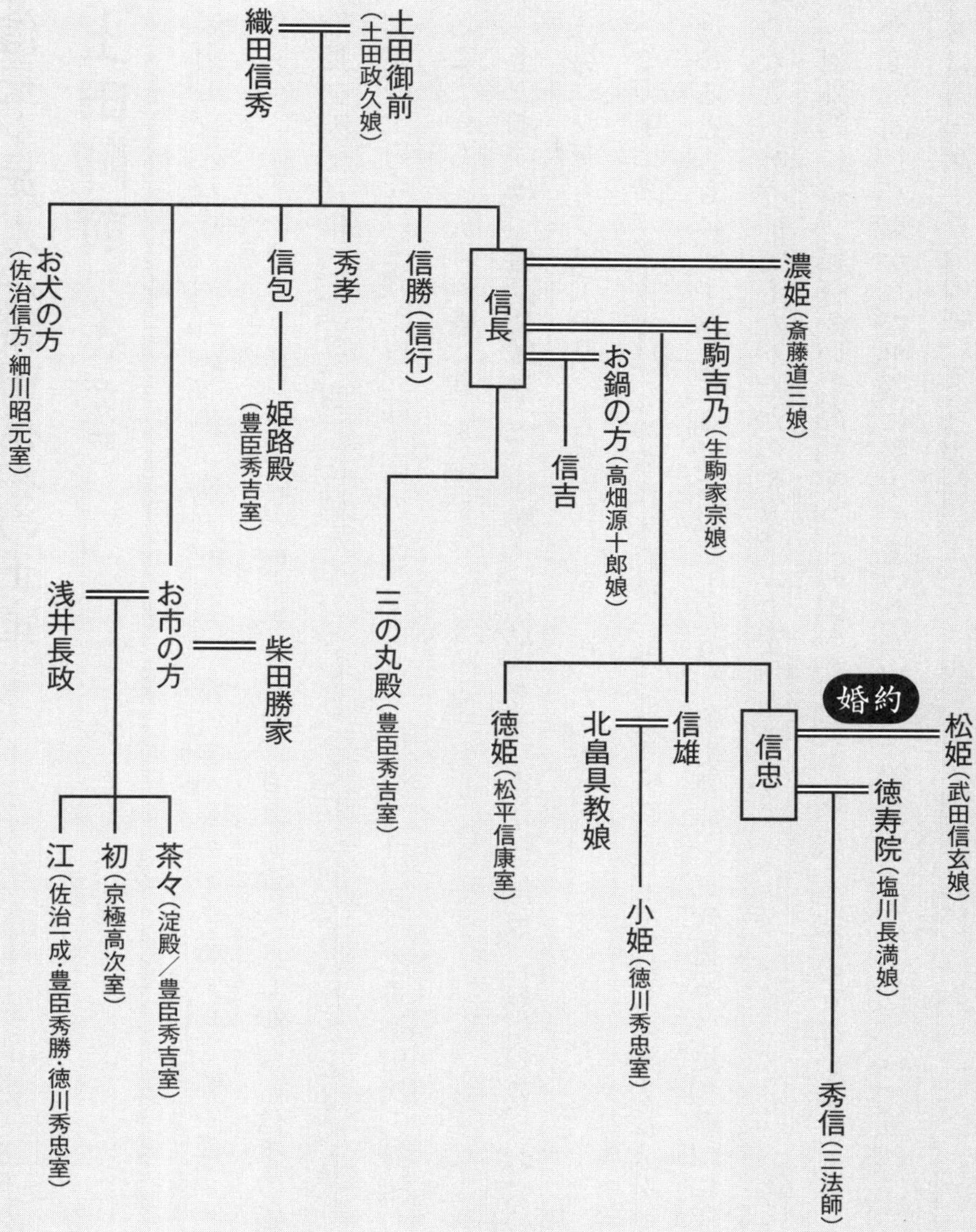

織田信秀
土田御前（土田政久娘）
お犬の方（佐治信方・細川昭元室）
お市の方
信包
姫路殿（豊臣秀吉室）
秀孝
信勝（信行）
信長
濃姫（斎藤道三娘）
生駒吉乃（生駒家宗娘）
お鍋の方（高畑源十郎娘）
信吉
三の丸殿（豊臣秀吉室）
浅井長政
柴田勝家
茶々（淀殿／豊臣秀吉室）
初（京極高次室）
江（佐治一成・豊臣秀勝・徳川秀忠室）
徳姫（松平信康室）
信雄
北畠具教娘
小姫（徳川秀忠室）
信忠
婚約
松姫（武田信玄娘）
徳寿院（塩川長満娘）
秀信（三法師）

## 信長を産んだ織田信秀の正室

# 土田御前（？〜一五九四）

土田政久《どだまさひさ》の娘・土田御前《どだごぜん》が、尾張国清洲三奉行家の一つである弾正忠家の当主・織田信秀（一五一〇〜一五五一）にいつ嫁いだかははっきりしない。しかし、信秀の嫡男・信長を天文三年（一五三四）に産んでいるから、それ以前であったことは間違いない。実家の土田氏は美濃国可児《かに》郡土田《どだ》の豪族であり、信秀の父の時代にも織田氏と縁組していることから、元々両者は親しい間柄だったようだ。

土田御前は、信長に続けて、信勝（信行《のぶゆき》とも）、秀孝《ひでたか》、信包《のぶかね》、お市の方、お犬の方の三男二女をもうけており、夫婦の相性はよかったのだろう。

この頃信秀は、古渡城《ふるわたりじょう》（のちに末森城）を居城とし、尾張国内での勢力拡大を着実に進めるとともに、上洛して朝廷に献金したり、室町幕府十三代将軍・足利義輝に拝謁するなど、外交面でもなかなかのやり手ぶりを示している。

対外的には、家督争いで混乱する三河国の松平氏を攻め、同氏の安祥城《あんじょう》を占拠すると、今度は同じく東から松平領に侵攻していた今川氏と対立。天文十一年（一五四二）、信秀は第一次小豆坂《あずきざか》の戦いで今川義元を破り、西三河を確保した。

その後も信秀は戦いに明け暮れる。美濃国で斎藤道三《どうさん》が守護・土岐頼芸《ときよりのり》を追放すると、信秀は頼芸を助け、道三を攻撃、西美濃の要衝・大垣城を一時占拠するも、道三の救援に来た越前国の朝倉宗滴《そうてき》に撃退される。天文十六年（一五四七）には、道三の居城・稲葉山城を攻撃するが、道三の返り討ちを浴びて退散した。

翌年は織田氏内の反乱が相次ぎ、さらには第二次小豆坂の戦いで、今川義元に敗北を喫し、続く第三次安城《あんじょう》合戦で安祥城を失ってしまう。そんなこんなで、土田御前は結婚後、気の休まることがほとんどなかったのではないか。

天文十八年（一五四九）、嫡男・信長が斉藤道三の娘・濃姫《のうひめ》と結婚し、斎藤氏との和睦が成立した。土田御前は我が子ながら、奇行が多く「うつけ」と呼ばれた信長を好まず、品行方正な弟の信勝のほうを可愛がったようだ。天文二十年（一五五一）、夫・信秀が四十二歳で病死すると（葬儀の席で信長は仏前に抹香《まっこう》を投げつけたといわれる）、信長と信勝の間で家督争いが起こる。

弘治《こうじ》二年（一五五六）、信長の義父・斎藤道三が殺害されたのを機に、信勝は信長に対して挙兵するが敗北（稲生《いのう》の戦い）。この時、土田御前は信長に信勝を赦免するよう申し出たという。翌年、信勝は再び謀反を企てるが、事前にそれを察知した信長は、病気と偽って信勝を自らの居城・清洲城に誘い出し、殺害した。

信勝の死後、土田御前は信長の庇護の元、清洲城で孫（信長やお市の方の子供たち）の面倒を見ながら過ごしたといわれる。本能寺の変後は、孫の信雄《のぶかつ》（信長の二男）のところに身を寄せ、信雄が改易されると、息子・信包に引き取られ、伊勢安濃津《あのつ》で暮らした。文禄三年（一五九四）一月七日、同地で死去。

## 謎のベールに包まれた信長の正室
# 濃姫（一五三五～？）

美濃の戦国大名・斎藤道三の三女、濃姫《のうひめ》と、尾張の織田信秀の嫡男・織田信長（一五三四～一五八二）の婚約が成立したのは、天文十三年（一五四四）のこととされる。

この年の九月から十一月にかけて、織田信秀は斎藤道三と美濃国井ノ口で合戦を繰り広げた（加納口の戦い）。道三に追放された美濃の国主・土岐頼芸が信秀を頼ったからである。結果は、信秀側が五千人の死者を出して敗北。そこで、信秀は嫡男の正室として道三の娘をもらい受けることで、斎藤氏と和睦を結んだのであった。

この時信長十一歳、濃姫は九歳。二人は未だ少年少女ゆえ、許嫁として結婚の約束が交わされただけであった。ちなみに濃姫の母親は、明智光継《みつつぐ》の娘・小見《おみ》の方で、濃姫は明智光秀の従妹《いとこ》に当たる。後から思えば不思議な縁《えにし》であった。

天文十八年（一五四九）二月二十四日、二人は正式に結婚する。信長は十六歳、濃姫は十五歳になっていた。当時としては両人とも結婚適齢期である。そしてその二年後、信秀が病死すると、信長が家督を継ぎ、濃姫は十七歳にして弾正忠家当主夫人となった。その後信長は、清洲城を本拠とし、二人はそこで暮らす。

濃姫とは美濃の姫という意味であろうが、彼女の実名は帰蝶《きちょう》といった。その何とも麗《うるわ》しい響きから、ついしとやかで美しい女性を想像してしまうが、下剋上で戦国大名にまでのし上がり、「美濃の蝮《まむし》」の異名を持つ斎藤道三の娘でもある。果たして、実像はどうであったのだろうか。

濃姫

残念ながら、濃姫の生涯は謎のベールに包まれて多くは分からない。あの信長の正室にも関わらず、である。第一に、彼女が信長の子を産んだかとどうかが定かでない。信長には二十人以上もの子供がいたが、母親不明の者が多く、濃姫を母とする子がいたのかいないのかはっきりしないのだ。

ただ、濃姫が父親思いであったことが偲ばれるエピソードがある。信長との結婚から七年後の弘治二年（一五五六）、道三の嫡男・義龍《よしたつ》は、反目する父に対して兵を挙げる。信長は義父のために兵を率いて応援に駆け付けるが間に合わず、道三は義龍方に討ち取られてしまう（長良川《ながらがわ》の戦い）。この騒動のあと、彼女は斎藤家の菩提寺・常在寺《じょうざいじ》に道三の肖像画を収めているのだ。濃姫は父の死を悲しみ、そして、夫の遅参《ちさん》を怨んだかもしれない。

一方信長は、道三の死去により斎藤氏との同盟を解消する。その結果、織田氏にとって濃姫の存在価値はなくなり、彼女を織田家から追放したという説がある。そもそも、彼女がいつ死んだかもよく分かっていない。織田家を追放され、母方の実家である明智氏を頼ったが、異母兄の斎藤義龍によって、籠っていた明智城（長山城《ながやま》）もろとも滅ぼされたとも伝わる（長山城の戦い）。

義龍はその後、十三代将軍・足利義輝から、三河守護だった一色氏《いっしきうじ》の名を称することを許されるが、永禄四年（一五六一）に三十五歳で急死。十四歳の息子・龍興《たつおき》が後を継ぐと、信長は俄然、斎藤氏への攻勢を強める。永禄十年（一五六七）、信長は龍興を伊勢長島に敗走させて美濃を手に入れ、尾張・美濃の二国を領する大大名となった。

さらに天正元年（一五七三）、越前の朝倉義景《よしかげ》を刀根坂《とねざか》の戦いで撃ち破るが、この時義景に従っていた龍興が戦死。これにより、濃姫の実家である、戦国大名としての斎藤氏は滅亡した。

濃姫の死については他にも、本能寺の変の際、信長に同行していて、夫と共に敵兵と戦って討ち死にしたとか、安土城へ逃げ延びたあと死んだとか、突拍子もない説がある。しかし、信長は生涯多くの側室はもうけたものの、正室は濃姫ただ一人である。末路がどうであったにしろ、彼女が信長にとって特別な女性であったことは確かであろう。

## 嫡男・信忠を産んだ信長の側室
## 生駒吉乃（一五二八？～一五六六）

織田氏の家臣で尾張国小折《こおり》城主・生駒家宗《いこまいえむね》の長女、吉乃《きつの》が、織田信長の側室になったのは、弘治二年（一五五六）頃のことである。信長二十三歳、吉乃は二十九歳（信長より年下だったとの説もある）。じつは、吉乃は初め美濃国の土田弥平次《どだやへいじ》に嫁いでいたが、この年、弥平次が長山城の戦いで戦死したため、実家に帰っていたところを信長に見初められたといわれる。

長山城の戦いとは、同年の長良川の戦いで父・道三を殺害した斎藤義龍が、道三に味方した明智光安《みつやす》（光秀の叔父）らの籠る長山城（明智城）を攻撃したもので、同城は落城、光安らは自刃に追い込まれた。弥平次は明智氏に仕えていたので、籠城軍に加わり、斎藤軍を迎え撃つ中、命を落としたのだろう。ここで注目すべきは、城主・光安が濃姫の母・小見の方の兄であるということだ。

斎藤道三が殺された後、織田氏から追放された濃姫は、実家の明智氏を頼って、明智城に入り、長山城の戦いで兄・義龍の攻撃により殺されたという説がある。だから信長は、濃姫の後添《のちぞ》えとして、明智方の武将の未亡人（吉乃）を側室にしたのだろうか。

吉乃は、信長より六歳ほど年上だったようだが、信長が見初めたというのが本当なら、相当な器量良しだったに違いない。もっとも生駒氏は、油・灰の商売や馬借《ばしゃく》で財力と情報力に富んでいたから、信長にしても軍事上悪い縁組ではなかったのだろう。実際、生駒氏の家督を継いだ彼女の兄・家長《いえなが》は信長に重用された。

家長は、信長が永禄元年（一五五八）に尾張統一に向けて織田伊勢守家の織田信賢《のぶかた》と交戦した浮野《うきの》の戦いや、今川義元の首級を上げた永禄三年（一五六〇）の桶狭間の戦いにも従軍している。元亀元年（一五七〇）の越前攻めでは、敵兵の攻撃から身を挺して信長を守り、傷を負ったといわれる。正に家臣の鑑《かがみ》のような活躍ぶりである。

さて、結婚後ほどなく、吉乃は長男・信忠《のぶただ》を産む。正室の濃姫には子が無かったから、信忠が信長の嫡男となり、吉乃は大金星を上げたのであった。その後も彼女は、立て続けに二男・信雄《のぶかつ》、長女・徳姫《とくひめ》を出産するが、なぜか信長は、久しく吉乃とは一緒に住まなかった。彼女は三児を実家の生駒屋敷で産み、育てたようである。信長にとっても生駒屋敷は居心地がよく、吉乃と子供たちに会うのを楽しみに通ったのであろう。

永禄五年（一五六二）、信長は清洲城において、三河の徳川家康と軍事同盟を結んだ。世に言う清洲同盟である。これにより、東側の脅威から解放された信長は、美濃の攻撃を本格化するべく、翌年、本拠を清洲城から小牧山城《こまきやま》へ移した。

その完成したばかりの小牧山城に、信長はようやく吉乃を招いた。しかし、その時彼女は徳姫出産以来の病弱の身であったといわれる。城内で吉乃は、嫡男・信忠の母として初めて皆に披露されたものの、永禄九年（一五六六）五月十三日、病状が回復せぬまま世を去った。享年三十九。信長はこの薄幸の妻の死を悲しんだのだろう、香華料《こうがりょう》として六百六十石を贈っている。ちなみに、徳姫が家康の長男・松平信康《のぶやす》に嫁ぐのはこの翌年のことである。

# 存在感を示した信長の側室
# お鍋の方（?〜一六一二）

近江国野洲《やす》郡北里村の土豪・高橋源十郎の四女、お鍋《なべ》の方が、織田信長の側室になったのは、永禄十三年（一五七〇）から同十五年頃のことと考えられる。

尾張国、美濃国を平定した信長は、永禄十一年（一五六八）、足利義昭を擁して京に入り、抵抗する六角氏や三好氏、松永氏を蹴散らし、京を制圧する。そして、現将軍・足利義栄《よしひで》を廃すと、義昭《よしあき》を十五代将軍の座に就けて、自らはその後見人になった。

お鍋の方が輿入れした時、信長は正に「天下布武《てんかふぶ》」の野心を持って、天下統一を成し遂げようとしていたのだ。

ところで、お鍋の方は初婚ではなかった。彼女は初め、近江国の武将・小倉実房《おぐらさねふさ》に嫁ぎ、二人の男子（甚五郎と松寿《まつじゅ》）をもうけたが、実房の戦死により、子連れで信長の側室になったとされる。

実房は、もとは六角氏の家臣であったが、やがて信長に近づくようになり、永禄十三年（一五七〇）の金ケ崎《かねがさき》城の戦いで信長に協力した。

この戦いは、信長が越前の戦国大名・朝倉義景を攻撃したものである。信長は、上洛の命に従わない義景に業を煮やし、徳川家康と共に越前に出陣、朝倉氏の金ヶ崎城を占拠するが、北近江の浅井長政《あざいながまさ》が裏切って、背後から攻撃を仕掛けてくるのを知り、這《ほ》う這うの体《てい》で京へと退散した。

一月後、信長は美濃の岐阜城への帰還を図る。永禄十年（一五六七）、信長は斎藤龍興から奪い取った稲葉山城を岐阜城と改名し、本拠を小牧山城からここに移していた。信長は、浅井氏の領地を通る近江路を避け、千種《ちぐさ》越えのルートを取らざるを得なかったが、この時、信長の水先案内を買って出たのが実房だった。ところが、それが原因で実房は、信長と対立する六角承禎《ろっかくしょうてい》（義賢《よしかた》）の攻撃を受け、妻子を残して戦死してしまったのである。

そんな事情から、信長としては、未亡人となったお鍋の方を見捨てておけなかったのかもしれない。再婚後、お鍋の方は天正元年（一五七三）に信長の八男・信吉《のぶよし》を出産、その後一男一女をもうけた。ちなみに、信吉が生まれた年、信長は反目する将軍・足利義昭を京から追放しており、これにより室町幕府は滅亡したとされる。

お鍋の方は、初め岐阜城に住んだが、安土城が完成するとそちらに移った。彼女が側室になった時、先輩側室の生駒吉乃はすでに亡くなっていた。お鍋の方はもともと才気走った女性だったのだろう。側室の中で彼女の存在感は徐々に高まっていったようである。

そして天正十年（一五八二）六月二日、本能寺の変が勃発。お鍋の方は、夫の突然の死にもめげず機敏に行動し、織田家の位牌所を守ったともいわれる。ちなみに、彼女と前夫・小倉実房との間の二男・松寿は、この時信長に殉じている。

信長の死後、お鍋の方は羽柴秀吉の庇護を受け、化粧料として近江国神崎《かんざき》郡高野村に五百石を与えられた。また、秀吉の正室・おねに（側室・松の丸殿にも）仕えたといわれ、前夫との間の長男・甚五郎は加賀松任《かがまっとう》城主に任じられたと伝わる。

慶長五年（一六〇〇）の関ヶ原の合戦では、息子・信吉が西軍に付いたため、彼女は戦後、家康に化粧料を取り上げられている。その後、秀吉の側室だった淀殿《よどどの》から五十石の知行を賜り、晩年は京都で暮らした。慶長十七年（一六一二）六月二十五日死去。墓所は京都大徳寺の塔頭・総見院《そうけんいん》にある。

# 織田信忠と婚約した武田信玄の娘

## 松姫（信松尼）（一五六一〜一六一六）

武田信玄の六女・松姫が、織田信長の嫡男・織田信忠（一五五七？〜一五八二）と婚約したのは、永禄十年（一五六七）十二月のことである。松姫の母は油川夫人であり、仁科盛信、葛山《かつらやま》信貞、菊姫は同母兄妹である。前月に信玄の嫡男・勝頼に嫁いでいた信長の養女・龍勝院《りゅうしょういん》が死去しており、武田氏と織田氏の同盟維持のため、急遽持ち上がった縁組であった（異説あり）。この時、信忠十一歳、松姫はまだ七歳であった。

ところが、その後信玄は、将軍・足利義昭の呼びかけによる信長包囲網に参加し、元亀三年（一五七二）には西上作戦を開始、信長と同盟を結んでいた徳川家康を三方ヶ原の戦いで撃破するなど、快進撃を続けた。当然ながら武田・織田同盟は破綻し、松姫と信忠の婚約も解消となった。

松姫

松姫は、十二歳という思春期に差し掛かる年齢になっていたから、将来自分の夫になるであろう信忠に、いろいろと憧れ的な思いを巡らしていたに違いない。それが突然、幻となってしまって、彼女の受けた衝撃はやはり小さくはなかったろう。

しかし、このあと、松姫はもっと大きな時代の波に飲み込まれる。天正元年（一五七三）、父・信玄が西上作戦の途中で病死、彼女の異母兄・勝頼が家督を継ぐが、天正三年（一五七五）、長篠の戦いで織田・徳川連合軍に敗れると、武田氏の権勢は衰えを見せ始める。そして天正十年（一五八二）、弱った羊をオオカミの群れが襲うが如く、織田、徳川、北条三氏による甲州征伐が始まった。

この時、二十二歳の松姫は、実兄・仁科盛信が城主を務める信濃国高遠《たかとお》城の城下で暮らしていた。そこへ五万の織田軍が攻め込んでくる。敵軍の総大将は、なんとかつての婚約者、織田信忠であった。しかし、松姫は信忠の姿を見ることはなかった。直前に、盛信によって武田氏の本拠・新府城へと逃がされていたのだ。籠城した盛信は、異母兄・勝頼の降伏の勧告を無視して徹底抗戦し、ついには自害した。

新府城に戻った松姫は、勝頼らとは行動を別にした。結果的にはこれが幸いする。勝頼ら一行は、移動先の天目山で滝川一益率いる織田軍の攻撃を受けて全滅、武田氏は滅亡したのだ。松姫は、盛信の娘三人を連れ、案下峠《あんげとうげ》を越えて武蔵国に入り、同国多摩郡恩方《おんがた》の金照庵《きんしょうあん》に身を寄せた。数ヶ月後、織田信忠の使者が松姫を迎えに来る。

松姫は信忠の元へ向かうが、その途上本能寺の変が勃発、信忠は父・信長と共に帰らぬ人となつた。なぜ、信忠は松姫に迎えを寄越したのか。また、なぜ彼女はそれに応じようとしたのか。信忠の嫡男・三法師《さんぼうし》の生母は松姫であるとの説も、そんな疑問から生まれたのかもしれない。

この年の秋、松姫は武蔵国の心源院《しんげんいん》で出家し、信松尼《しんしょうに》と称した。以後元和《げんな》二年（一六一六）に五十六歳で亡くなるまで、武田氏と信忠の菩提を弔いながら当地で暮らした。養蚕の普及など、地域振興にも尽力したといわれる。

## 三法師を産んだ織田信忠の正室
## 徳寿院（?〜一六三三）

塩川長満《しおかわながみつ》の娘・徳寿院《とくじゅいん》が織田信長の嫡男・信忠にいつ嫁いだのかははっきりしない。彼女が信忠の嫡男・三法師（秀信《ひでのぶ》）を産んだのが天正八年（一五八〇）であるから、その少し前ということだろう。信忠は二十代の半ばであったが、徳寿院の年齢は不詳である。

彼女の父・塩川長満は、摂津《せっつ》国の武将で、三好氏に従っていたが、永禄十一年（一五六八）に信長が上洛すると、織田氏に臣従するようになった。信長としては、畿内での基盤強化を図るため、塩川氏と血縁関係を持とうとしたのだろう。

信忠は、徳寿院を娶る前の天正四年（一五七六）に信長から家督を譲られ、岐阜城主となった。以降、大和国の松永久秀討伐や播磨《はりま》国上月《こうづき》城攻めを挙行、天正十年（一五八二）の甲州征伐でも総大将として諸将を率い、武田勝頼を天目山に追い込んで自害させた。

しかし同年六月二日、明智光秀の謀反により、父・信長が京都本能寺で自害する。この時、秀忠は京都妙覚寺《みょうかくじ》に滞在していた。光秀が本能寺を急襲したことを知り、誠仁《さねひと》親王の居宅である二条新御所に籠って、明智方の伊勢貞興《さだおき》率いる軍勢を迎え撃つが、衆寡敵せず自刃した。享年二十六。信長同様、遺骸は見つからなかった。死を前に、二条新御所の縁の板をめくって遺体を隠すよう家臣に命じたとも伝えられる。

夫の突然の死に、徳寿院の落胆は激しかったに違いないが、その後に意外な運命が彼女を待ち受けていた。光秀の謀反を聞き、中国攻めから取って返した羽柴秀吉が、光秀の軍勢を山崎の合戦で撃ち破った。二週間後、信長の後継を選ぶため、柴田勝家、丹羽長《にわなが》秀《ひで》、羽柴秀吉、池田恒興《つねおき》の四家臣によって尾張国清洲城で会議が開かれた。世に言う清須会議である。

信長の二男・信雄《のぶかつ》、三男・信孝が有力な後継候補であったが、会議の主導権を握る秀吉は、徳寿院の産んだ三法師を後継者に決定させ、自らはその後見人になったのであった。

三歳の我が子が後継者に選ばれたものの、秀吉の傀儡《かいらい》にされることは目に見えており、徳寿院の心境たるや複雑なものがあっただろう。案の定、天下は織田家から秀吉の手に移り、三法師は元服後、織田秀信と称して秀吉から美濃国岐阜十三万石を与えられた。

秀信は、関ヶ原の合戦では西軍に付き、岐阜城で籠城戦を構えるが、東軍の池田輝政《てるまさ》らの攻撃を受け降伏。戦後、家康により高野山へ追放された。そして、慶長十年（一六〇五）五月八日、高野山麓で没した。享年は父・信忠と同じ二十六であった。ちなみに、この頃、やはり西軍に付いた真田昌幸・信繁（幸村）父子も高野山麓に蟄居させられている。

徳寿院は、秀信が岐阜城主であった間は、おそらくは岐阜城で暮らしたのであろう。関ヶ原の合戦後は近江に移り、寛永《かんえい》十年（一六三三）十一月二十三日、その地で死んだといわれる。七十歳を超える長命だったと考えられる。

## 浅井長政に嫁いだ織田信長の妹お市の方（一五四七〜一五八三）

織田信長の妹・お市《いち》の方が、北近江の戦国大名で小谷《おだに》城主の浅井《あざい》長政（一五四五〜一五七三）に嫁いだのは、永禄十年（一五六七）頃とされる（永禄十一年との説も）。浅井氏は、近江守護の京極氏の家臣であったが、長政の祖父・亮政《すけまさ》の時に勢力を拡大

お市の方

し、主君の京極氏を凌ぐまでになる。亮政はたびたび南近江の六角氏とぶつかり合い、越前の朝倉氏と同盟を結んで六角氏の北進に対抗した。

長政の父・久政《ひさまさ》も、朝倉氏との連携を強めていくが、六角氏への失策から引退させせられ、嫡男・長政が後を継ぐ。入京を目指す尾張の織田信長は、北近江の浅井氏に秋波《しゅうは》を送り、両者の同盟が成立、その証となったのが長政とお市の方の婚姻であった。

お市の方はすらりと背が高く、戦国一の美人と賞され、しかも聡明であったという。長政は彼女を寵愛し、二人の間に茶々、初、江《ごう》という三人の女子が立て続けに生まれる。しかし、幸せな時期は長くは続かなかった。

永禄十一年（一五六八）、信長は足利義昭を奉じて入京を果たすが、十五代将軍となった義昭は、勝手な行動をとる信長に不信感を抱き、越前の朝倉義景ら近国の大名に信長追討を呼びかけた（信長包囲網）。

しかし、そうした動きを信長は素早く察知し、先手を打つ形で朝倉氏への攻撃を開始、あっという間に越前の金ケ崎城を占拠したのであった。長政にとって、朝倉氏は祖父の時代から六角氏との争いでたびたび窮地を救ってもらった恩義ある一族だ。

長政はすぐに義景への援軍を送ることを決定するが、この時、お市の方が兄・信長を救うためにとった奇策が伝えられている。陣中見舞いと称して、小豆袋の両端を紐で縛ったものを信長に送りつけ、彼が朝倉氏と長政に挟まれ、袋の鼠であることを暗に知らせたというのだ。意を汲みとった信長は、挟み撃ちを避けるべく、現在の滋賀県朽木《くちき》村を越え、命からがら京へと逃げ帰った。その際織田軍の殿《しんがり》を務めた一人が木下藤吉郎、のちの豊臣（羽柴）秀吉である（金ケ崎城の戦い）。

これにより、浅井氏と織田氏の同盟は完全に崩壊し、元亀元年（一五七〇）には姉川《あねがわ》河畔で、織田・徳川連合軍と浅井・朝倉連合軍が激突（姉川の合戦）、結果は織田・徳川方の圧勝に終わった。

三年後の天正元年（一五七三）、信長を脅かす存在だった武田信玄が死ぬと、信長は長政の居城・小谷城を攻撃する。織田軍を率いたのは、羽柴秀吉であった。激戦の末、長政は自害するが、お市の方は三人の娘とともに城を抜け出し、信長の元へ届けられた。彼女は長政に一緒に死にたいと訴えたが、長政から娘たちのためにも生きながらえてほしいと懇願され、ついにはその言葉に従ったのだった。

天正十年（一五八二）、本能寺の変で信長が死ぬと、秀吉がその後継者として台頭する。翌年、お市の方は信長の三男・信孝の意志で、秀吉と対立する越前北ノ庄《きたのしょう》城主・柴田勝家に三人の娘を連れて再嫁する。翌年、賤ヶ岳《しずがたけ》の戦いで勝家は秀吉に敗れ、北ノ庄城に逃げ帰るが、すぐに秀吉の軍勢に取り囲まれてしまう。

この時、お市の方は、またもや夫から娘たちを連れて、城を出るように命じられるが、彼女は、今度はそれを拒否した。そして、夫・勝家と共に自害して果てたのである。辞世の歌「さらぬだに打ちぬる程もなつの夜の　わかれをさそふほととぎすかな」が残された。天正十一年（一五八三）四月二十四日のことである。

三人の娘は、落城前にからくも城を脱出し、秀吉に保護された。そして秀吉は、勝家を滅ぼしたことにより、信長の後継者としての地位を確かなものにしたのである。

# 6 徳川氏

於大の方
築山殿
於万の方
西郷局
阿茶局
朝日姫

茶阿局
お亀の方
徳姫
小姫
江
五郎八姫

徳川氏の前身・松平氏は、徳阿弥《とくあみ》という時宗《じしゅう》の僧が、三河（愛知県東部）松平郷の領主であった松平信重《のぶしげ》の入り婿になり、松平太郎左衛門尉《さえもんのじょう》親氏《ちかうじ》を名乗ったのが始まりとされる。三代信光《のぶみつ》は室町幕府の執事《しつじ》・伊勢氏の被官となり、以後松平氏は、三河の武家として代を重ねる。

七代清康《きよやす》は、三河全域に勢力圏を広げ岡崎城を取得するが、家臣に殺され、幼くして後を継いだ八代広忠《ひろただ》は、駿河（静岡県中部）の今川氏に臣従した。広忠の嫡男・竹千代（九代）は、今川氏の人質として駿府《すんぷ》に送られるが、永禄三年（一五六〇）、今川義元が桶狭間の戦いで戦死すると、岡崎城へ帰り、独立して松平家康を名乗った。

家康は尾張（愛知県西部）の織田氏と同盟を結び、三河を統一すると、勅許を得て徳川に改姓した。その後、武田氏の駿河侵攻に協力して遠江《とおとうみ》（静岡県西部）を得、織田氏の甲州征伐では駿河を確保した。信長の死後、豊臣秀吉に臣従。小田原征伐で関東に移封となる。

秀吉の死後、家康は関ヶ原の合戦で石田三成《みつなり》に勝利し、慶長《けいちょう》八年（一六〇三）、征夷大将軍に任じられ、以後二百六十年続く徳川（江戸）幕府を開いた。慶長十九年（一六一五）には、大坂夏の陣で豊臣氏を滅ぼした。

# 徳川氏系図

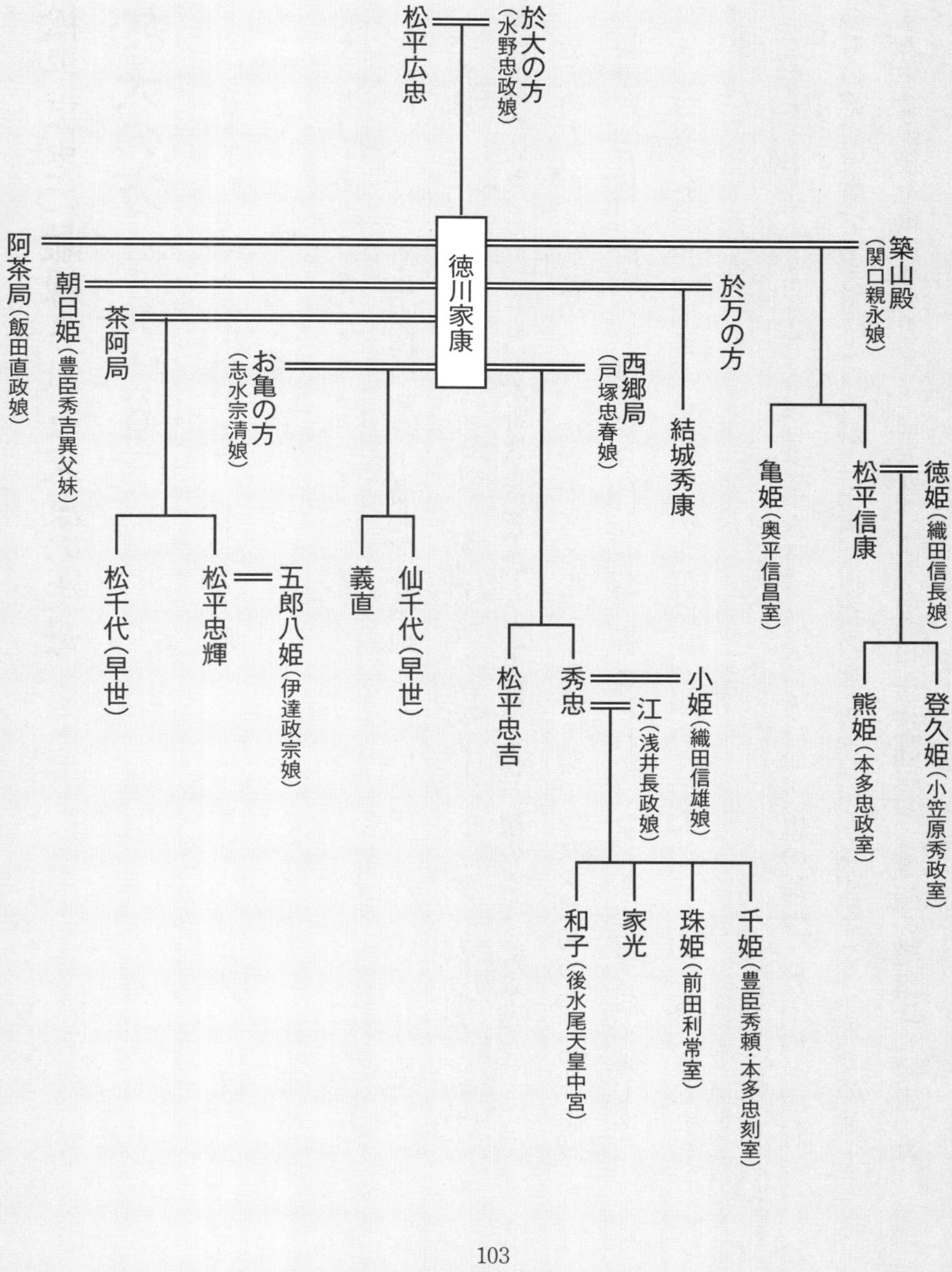
於大の方（水野忠政娘）
松平広忠
徳川家康
築山殿（関口親永娘）
阿茶局（飯田直政娘）
朝日姫（豊臣秀吉異父妹）
於万の方
茶阿局
お亀の方（志水宗清娘）
西郷局（戸塚忠春娘）
結城秀康
亀姫（奥平信昌室）
松平信康
徳姫（織田信長娘）
熊姫（本多忠政室）
登久姫（小笠原秀政室）
松千代（早世）
松平忠輝
五郎八姫（伊達政宗娘）
義直
仙千代（早世）
松平忠吉
秀忠
小姫（織田信雄娘）
江（浅井長政娘）
和子（後水尾天皇中宮）
家光
珠姫（前田利常室）
千姫（豊臣秀頼・本多忠刻室）

## 松平広忠に離縁された家康の生母
# 於大の方（一五二八～一六〇二）

尾張国の戦国大名・水野忠政《ただまさ》の娘、於大《おだい》の方が、三河国松平氏の八代当主・松平広忠《ひろただ》（一五二六～一五四九）に嫁いだのは、天文十年（一五四一）のことである。広忠十六歳、於大の方は十四歳であった。

水野氏は、はじめ尾張国の知多半島北部を領地としていたが、天文二年（一五三三）に三河国に進出、刈谷《かりや》城を築いており、領土保全のため隣接の松平氏と友好関係を持つ必要があったのだ。もっとも、水野氏と松平氏との婚姻はこれが初めてではなかった。

於大の方の母・於富《おとみ》の方は、広忠の父・松平清康《きよやす》が美貌の彼女を見初めたため、忠政と離縁させられ、清康の側室になるという悲運に見舞われていた。今で言う略奪婚である。於大の方もまた、母親同様、松平氏との友好関係を維持するため、広忠に嫁がされたのであった。

天文十一年（一五四二）十二月二十六日、於大の方は、広忠の長男・竹千代を産む。のちの徳川家康である。ところが三年後、彼女の身に思わぬことが起こる。実家の父・水野忠政の後を継いでいた兄・信元《のぶもと》が、主君の今川氏に謀反し、尾張の織田氏に寝返ったのだ。

今川氏の関係を重視する広忠は、於大の方を離縁する。彼女は、実家・水野氏の居城である刈谷城へ返され、可愛い盛りの我が子・竹千代とも別れねばならなかった。さらに三年後の天文十七年（一五四八）、於大の方は、松平氏に対抗する信元の意向で、知多郡阿古居《あぐい》城主・久松《ひさまつ》俊勝《としかつ》に嫁がされる。そして、俊勝との間に三男三女をもうけた。

於大の方

一方、松平広忠は天文十六年（一五四七）、織田氏に対抗するため、今川氏を頼って六歳になった嫡男・竹千代（家康）を人質として駿府へ送ることになった。ところが、護送に当たった家臣・戸田康光《やすみつ》の裏切りにより、竹千代は織田信秀の本拠・尾張国古渡《ふるわたり》城に届けられてしまう。

信秀は、竹千代を人質にして、今川氏から離反して織田方に付くよう広忠に持ちかけるが、広忠は応じなかった。その結果、竹千代は織田氏の元に留め置かれた。彼が信長の異母兄・信広《のぶひろ》との人質交換により、駿府の今川氏の元へ移送されるのは二年後の天文十八年（一五四九）のことである（当時、信長は父・信秀から譲られた那古屋《なごや》城にいたが、この二年の間に家康は信長と言葉を交わしていたかもしれない）。

竹千代が今川氏の人質となった年、松平広忠が二十四歳の若さで世を去った。於大の方は、仮に離縁されていなくても、若後家となり、いずれは何処かへ再嫁させられる運命にあったのだろう。

天文二十四年（一五五五）、竹千代は今川氏の元で元服し、松平元信《もとのぶ》と名乗り、今川義元の姪で関口親永《ちかなが》の娘・瀬名《せな》を娶った。その後、名を元康《もとやす》、さらには家康《いえやす》に改める。

永禄三年（一五六〇）、桶狭間の戦いで今川義元が織田信長に討たれると、家康は三河の岡崎城に戻って今川氏から独立、織田氏と同盟を結んだ。ここでまた、於大の方にとって意外な出来事が起こる。

彼女の夫・久松俊勝が、家康に臣従を申し出たのだ。家康はそれを許し、於大の方を母として迎え、母子は十五年ぶりに相まみえたのである。家康は、於大の方と俊勝との間に生まれた三人の男子に松平姓を与えて家臣とした。

於大の方は、幼い時に別れ、面倒を見ることのなかった息子の度量の広さに、感謝することしきりであったろう。家康は三河国を平定すると、徳川に改姓し、織田氏と協力して永禄十二年（一五六九）に今川氏を、天正十年（一五八二）には武田氏を滅亡に追い込んで、遠江と駿河を領する大大名となった。

そんな息子の出世に於大の方は目を細めたであろうが、当主の母として自己主張も怠らなかったようである。今川氏の人質となっていた家康の妻・瀬名が岡崎城に帰された時、その入城を拒んだり、小牧《こまき》・長久手《ながくて》の戦いの後、俊勝との子である松平定勝《さだかつ》を羽柴秀吉の養子にという話が出た時には強く反対し、家康を諦めさせたりしている。それは、前半生においてひたすら我慢を強いられた、その反動によるものであったかもしれない。

天正十五年（一五八七）、夫・俊勝が死去すると、於大の方は安楽寺《あんらくじ》で剃髪し、伝通院《でんつういん》と号した。関ヶ原の合戦での家康の勝利を見届けた後、慶長七年（一六〇二）八月二十八日、京都伏見城で死去。享年七十五。

# 殺害された徳川家康の正室
## 築山殿（一五四二〜一五七九）

今川家一門である関口親永《ちかなが》の娘・瀬名《せな》が、三河国松平氏の当主・松平元信（のちの徳川家康）（一五四三〜一六一六）に嫁いだのは、弘治三年（一五五七）五月のことである。この時、十五歳の元信は人質として今川家に預けられており、十六歳の瀬名は今川義元の養女となっていた。ちなみに、瀬名の母親は、今川義元の妹とされるが、遠江国井伊谷《いいのや》の国衆・井伊直平《いいなおひら》の娘で、義元の養妹として関口家に嫁いだという説もある。

二人は駿府で結婚生活を始め、瀬名は永禄二年（一五五九）に長男・松平信康《のぶやす》を、翌年には長女・亀姫《かめひめ》を産んだ。ところが、亀姫が生まれた永禄三年（一五六〇）の五月十九日、桶狭間の戦いで今川義元が織田信長に討たれると、元康（元信を改名）は妻子を残したまま駿府を離れ、今川氏の混乱で空城となった三河国岡崎城に帰ってしまった。

さらに永禄五年（一五六二）、家康（元康から改名）は、親の代では敵対関係にあった織田氏と同盟（家康と信長が清洲城で会談して成立したことから、清州同盟と呼ばれる）を結び、完全に今川氏と袂《たもと》を分かった。この時、瀬名の父・関口親永は、義元の嫡男・今川氏真《うじざね》の怒りを買い、正室と共に自害している。

そんな家康の行動に肝を冷やしたのは、駿府に残されていた瀬名とその子供たちである。いつ殺されてもおかしくない状況であったが、ほどなくして、今川方の武将・鵜殿長照《うどのながてる》の遺児との人質交換で、彼らは岡崎に移ることができた。

しかし瀬名は、家康の生母・於大の方の反対で岡崎城に住むことが叶わず、城下の惣持尼寺で幽閉同然の生活を強いられたのであった。この時の於大の方のかたくなな態度は、今川氏や同氏に関係する者への許しがたい気持ちの表れだったのだろう。彼女には、今川氏のせいで家康の父・松平広忠と離縁させせられた過去があったから。なお、瀬名はこれ以降、惣持尼寺の所在する地名を取って、築山殿《つきやまどの》と呼ばれるようになった。

永禄九年（一五六六）、家康は朝廷から従五位下三河守を叙任され、「徳川」に改姓した。翌永禄十年、家康の嫡男・信康と織田信長の娘・徳姫の縁談がまとまるが、信康の母である築山殿は、いまだ幽閉されたままであった。

彼女が岡崎城へ入ることが許されたのは、元亀元年（一五七〇）四月下旬のことである。岡崎に移ってから実に五年の歳月が流れていた。ところがこの年、家康は武田信玄の侵攻に備えるため、浜松（引馬《ひくま》を改名）に移り、引馬城を改修し浜松城と改名してそこを本拠とした。築山殿は夫と共に暮らすことはできなかったが、岡崎城を家康から譲られた信康夫婦と同居することになった。

徳姫は女子二人を産むが、男子に恵まれず、心配した築山殿は、家臣の娘複数を信康に側室として与えた。そのことを怨んでか否か、天正七年（一五七九）、徳姫は十二ヶ条からなる訴状を父・信長に送った。その内容は、築山殿が徳姫の悪口を信康に言ったこと、唐人医師・減敬《げんきょう》と密通したこと、武田氏と内通があったことなどである。この訴状を受け、信長は家康に、築山殿と信康の処刑を命じたとされる。

同年八月二十九日、築山殿は家康の家臣・野中重政《しげまさ》らによって、遠江国佐鳴湖畔《さなるこはん》で殺害され、信康は九月十五日、幽閉されていた同国の二俣城《ふたまた》で切腹した。築山殿三十八歳、信康は二十一歳だった。

## 結城秀康を産んだ家康の側室
# 於万の方（一五四八〜一六二〇）

於万《おまん》の方が徳川家康との間に男子・於義丸《おぎまる》（のちの結城秀康《ゆうきひでやす》）を産んだのは、天正二年（一五七四）二月十八日のことである。この時、於万の方は二十七歳で、家康の正室・築山殿の奥女中だった。家康の御手付きになったということは、それなりの美貌の持ち主であったか、男好きのするタイプだったのだろう。

当時三十二歳の家康は浜松城におり、築山殿とおそらく於万の方も岡崎城にいたはずであるから、どういうタイミングで家康と於万の方が関係を持ったのかは分からない。ともあれ、築山殿が嫉妬に狂ったであろうことは想像に難くない。いわば飼い犬に手を噛まれたようなものであるから。築山殿が出産前の於万の方を寒い夜に裸にして庭の木にくくり付けたという伝説があるが、あってもおかしくはない話である。

また、於万の方の産んだ於義丸は双子だったといわれる。双子は「犬畜生と同じ双子腹」と蔑《さげす》まれた時代。双子のもう一人は、於万の方の実家に預けられたという。彼女の父親は、三河国知鯉鮒《ちりふ》明神《みようじん》の社人・永見吉英《ながみよしひで》とされる。

ともあれ、家康の子を産んだことから、於万の方は家康の側室となった。しかし家康は、双子ということもあってか於義丸を嫌い、二歳になるまで面会もしなかったといわれる。そして天正十二年（一五八四）、於義丸が十一歳の時に彼を羽柴秀吉の養子に出してしまった。この年、家康と秀吉は小牧・長久手の戦いで交戦したあと和解し、その条件として於義丸は秀吉に差し出されたのであった。いわば人質にされたわけである。

しかし、於義丸は秀吉には可愛がられたようである。秀吉の元ですぐに元服し、実父・家康と養父・秀吉の名から一字ずつ与えられ、秀康と名乗った。初陣の九州征伐、その後の小田原征伐でも活躍し、下野《しもつけ》の守護を務めた名門・結城氏の婿養子となって、結城秀康として同氏の家督を継いだ。関ヶ原の合戦で家康が勝利を得ると、結城秀康は越前北庄《きたのしょう》六十七万石に加増移封された。

それまで、於万の方は家康に従い、浜松から駿府、そして江戸へと居所を変えていたはずである。しかし、すでに五十三歳であった彼女は、ここへきて家康の元を離れ、北ノ庄城主となった息子に同行する道を選んだ。それからの於万の方は、前半生が嘘のような平穏な日々を送ったことだろう。慶長十二年（一六〇七）、秀康が死去すると出家し、長勝院と号した。それから十二年後の元和五年（一六一九）十二月六日、七十二歳で死去。

## 二代将軍・徳川秀忠の生母
# 西郷局（一五五二／一五六一〜一五八九）

遠江国の武将・戸塚忠春《ただはる》の娘、西郷局《さいごうのつぼね》が、いつ徳川家康の側室になったのかははっきりしない。が、家康との間に男子・秀忠《ひでただ》を天正七年（一五七九）に産んでいること、前夫・西郷義勝《よしかつ》を元亀二年（一五七一）に亡くしていることから、一五七〇年代の半ばぐらいとするのが妥当なところであろう。

西郷局にとって、義勝は母方の従兄に当たる。西郷氏は三河国の武家であり、かつては今川氏に臣従しており、西郷局の母が遠江の戸塚氏に嫁いだのもその関係かと考えられる。ちなみに西郷局と義勝は再婚同士であり、二人の間には一男一女があった。

西郷局

永禄三年（一五六〇）の桶狭間の戦い以後、西郷氏は今川氏を見限り、同氏から独立した家康（当時は松平姓）に付いた。そのため、今川氏に人質として預けていた親族を処刑される憂き目に遭っている。
織田氏と同盟を結んだ徳川氏はその後、武田氏と遠江・三河の領有をめぐり対立を深めていく。徳川氏に与《くみ》した義勝は、三河国に攻め込んだ秋山虎繁《とらしげ》率いる武田軍を迎え撃ち、勇敢に戦うも、ついには討ち死にした。だから家康としても、未亡人となった西郷局を放ってはおけなかったのだろう。

西郷局は、叔父に当たる西郷清員《きよかず》の養女として家康に輿入れした。「西郷局」という呼び名もそこからきているのである。家康は美しく温厚な彼女を寵愛し、秀忠に続いて翌年には松平忠吉《ただよし》が産まれた。この頃、正室だった築山殿が家康によって死を賜り、以後西郷局が、家康の実質的な正室となったようである。

「目病《めや》み女に風邪ひき男」（美女と男前のたとえ）という諺《ことわざ》があるが、西郷局は極度の近視であったらしく、盲目の女性に慈悲の心を寄せ、衣食住の補助を惜しまなかったといわれる。天正十七年（一五八九）、西郷局は三十八歳（二十九歳とも）の若さで死去。死因は不明で、正室・築山殿に仕えていた侍女による殺害説もあるようだ。

しかし、彼女の死を悼《いた》んで、多くの盲目の女子たちが、連日寺門の前で祈りをささげたという事実からすると、殺害説が真実だったとしても、それは逆恨みの類によるものだったのではないか。

当時、家康は豊臣秀吉に臣従する身であり、秀忠はまだ十一歳だった。生前、西郷局は我が夫がこの先天下を取り、我が息子が二代将軍になろうとは想像すらしなかっただろう。秀忠は将軍就任後、母の実家である西郷氏一族の優遇に努めている。

# 大坂冬の陣で交渉役を務めた家康の側室
## 阿茶局（一五五五～一六三七）

武田氏の家臣・飯田直政の娘、阿茶局《あちゃのつぼね》（須和《すわ》）が徳川家康の側室になったのは天正七年（一五七九）五月のことである。家康三十七歳、阿茶局は二十五歳であった。

彼女も初婚ではなく、武田信玄の弟・一条信龍《のぶたつ》の家臣であった神尾忠重《かんおただしげ》に嫁いで、二男をもうけたが、夫の死により未亡人となっていたのである。

阿茶局

天正十二年（一五八四）の小牧・長久手の戦いで家康に付き従い、懐妊するも流産したとされる。結局彼女は、家康との間に子供をもうけることはなかった。しかし、小牧・長久手の戦い以外にも、戦に随行することが多かったといい、家康にとって彼女は、単なる側室以上の、戦の際にも側に置いておくと何かと有用な、才知に長《た》けた女性だったのだろう。

また、阿茶局には面倒見のよい面もあったようで、天正十七年（一五八九）に、同じ家康の側室である西郷局が若くして亡くなると、その遺児である徳川秀忠、松平忠吉の養育に努めており、元和五年（一六一九）、やはり同じ側室の泰栄院《たいえいいん》が死去した時には、彼女の菩提を弔うため、京都下京に上徳寺《じょうとくじ》を建立している。

しかし、阿茶局が脚光を浴びるのは、何といっても大坂冬の陣においてである。江戸幕府を開いた家康は、徳川の世襲制を確かなものにするため、豊臣氏の追い落としを画策。慶長十九年（一六一四）十二月、二十万の大軍で大坂城を攻撃する。

だが、さすがは秀吉が築いた難攻不落の城である。おいそれとは落ちない。そこで、家康は和平作戦に転じ、徳川方を代表して、豊臣方との和平交渉に当たる大役に任じたのが、すでに還暦を迎えていた阿茶局だった。

一方、豊臣側の交渉役に選ばれたのは淀殿の妹・常高院《じょうこういん》（初）で、阿茶局は、家康の重臣・本多正純《まさずみ》と共に、徳川方の京極忠高《ただたか》の陣において、常高院との交渉に臨んだ（ちなみに忠高は、常高院の亡夫・京極高次と側室との間にできた子供である）。

交渉は翌日には合意に達し、三日目には誓書が交わされ、両者の間に和平が成立した。徳川側の「淀殿は人質に取らない。ただし、大坂城の外堀を埋める」という条件を、豊臣側が呑んだ形であった。しかし、家康はこの条件を反故《ほご》にし、内堀まで埋めて大坂城を裸城にすると、翌年再び攻撃を仕掛け、豊臣氏を滅ぼしてしまうのである（大坂夏の陣）。それを目の当たりにして、交渉に当たった阿茶局は、果たして胸を傷めたであろうか。あるいは、既定方針のこととして静観したのであろうか。

元和六年（一六二〇）、阿茶局は、二代将軍・秀忠の娘・徳川和子《まさこ》が入内《じゅだい》する際に守役を務めたことで、後水尾《ごみずのお》天皇から従一位を賜り、「一位殿」「一位尼」と呼ばれるようになった。家康の死後、剃髪し雲光院《うんこういん》と号した。寛永十四年（一六三七）一月二十二日死去。八十三歳だった。

## 四十代で家康に嫁いだ豊臣秀吉の妹
## 朝日姫（一五四三〜一五九〇）

豊臣秀吉の異父妹・朝日姫《あさひひめ》が徳川家康の継室に入ったのは、天正十四年（一五八六）五月のことである。朝日姫は、秀吉の生母・なか（大政所《おおまんどころ》）が、夫・木下弥右衛門《やえもん》の死後、筑阿弥《ちくあみ》という人物と再婚してできた娘であり、羽柴秀長《ひでなが》は彼女の実兄に当たる。

朝日姫

朝日姫はその年の二月まで、副田《そえだ》吉成《よしなり》という秀吉の家臣の妻であったが、秀吉によって強制的に離縁させられ、家康の元に嫁がせられたのである。

この頃秀吉は、関白に就任するとともに朝廷から豊臣姓を賜り、すでに「豊臣政権」を確立していた。しかし、天正十二年（一五八四）の小牧・長久手の戦いで和睦した家康は、再三の出仕要請にもかかわらず、なかなか従おうとしなかった。

業《ごう》を煮やした秀吉は、自分の妹を家康の後妻に差し出すという挙に出たのである（家康には築山殿の死後、五年にわたって正室がいなかった）。

ところで、朝日姫のそれまでの夫・副田吉成という人物であるが、織田信長の家臣で、秀吉の配下となったことから、その妹を妻に娶ることになったようだ。本能寺の変のあと、信長の葬儀において、葬儀奉行を務めており、周囲の信頼は篤かったのだろう。

吉成は、秀吉の離縁の命に従ったものの、その代償である五万石の加増を拒否して出家したといわれており、それは、強引な主君に対する反抗か、あるいは妻・朝日姫への愛情の表れだったのか。いずれにしろ、戦国の現世で生きることに見切りを付けたのだろう。

ともあれ、朝日姫は四十四歳にして、四十五歳の家康の元に嫁いだのだった。二人の間に果たして夫婦の関係はあったのか。若い側室をはべらした家康であってみれば、あえて初老の朝日姫に手出しすることはなかったかもしれない。

実は、朝日姫には吉成の前にも結婚歴があった。生家がまだ貧しかったため、彼女は初め尾張国の農夫に嫁いでいたのである。その夫は、義兄・秀吉の出世に応じて地位を上げ、佐治日向守《さじひゅうがのかみ》を名乗るようになるが、秀吉が長浜《ながはま》城主だった頃、不祥事を起こして切腹したとされる。従って、朝日姫にとって家康は三番目の夫だった。

彼女にしてみれば、四十を過ぎてなお政略結婚の具とされる運命に、深刻に悩むというよりは、もはやアホらしい気分ではなかったろうか。

朝日姫は駿府に居を構え、駿河御前《するがごぜん》と呼ばれるようになった（この年の十二月、家康は本拠を浜松から駿府に移している）。しかし、秀吉の妹を差し出してもなお、家康は動かなかった。秀吉はあろうことか、齢《よわい》七十二歳の母・なか（大政所）を人質として家康の元に送り込む。

朝日姫は、思いがけない実母との再会に、さぞ、感涙にむせんだことであろう。さすがの家康も、老母まで寄越されては、秀吉の要請を放置できず、ついに上洛を決意したのだった（これにより、大政所は僅か一ヶ月で大坂城に戻っている）。その後の朝日姫の動向についてはよく分からないが、たびたび京へ戻っていたようである。

天正十八年（一五九〇）正月、朝日姫は聚楽第で病没した。享年四十八。墓は京都東福寺の南明院《なんめいいん》にある。

# 家康に危機を救われた未亡人

## 茶阿局（?〜一六二一）

茶阿局《ちゃあのつぼね》が徳川家康の側室になったのは、天正十四年（一五八六）に家康が本拠を駿府に移す少し前、まだ浜松城主であった頃のことだと思われる。茶阿局は元の名をお久《ひさ》といい、家康との出会いについては、劇的なエピソードが残されている。

お久は、家康の側室になる前、遠江国金谷《かなや》村の鋳物師《いものし》の後妻に入り、二男一女をもうけていた。ところが、美人のお久に横恋慕した代官が、鋳物師を殺害しお久を奪おうとする。お久は三歳の娘・於八《おはち》を連れて逃亡し、たまたま鷹狩りに来ていた家康の一行の前に飛び出し、事の次第を直訴したというのである。

家康は義憤を感じたのか、美人のお久に下心を抱いたのか、代官を処罰し、娘ともども彼女を浜松城へと連れ帰った。そして、お久を側室とし「茶阿局」と名付けて深く寵愛した。お久にとって、家康は自分と娘の命を救ってくれたうえ、夫の仇まで討ってくれた大恩人である。だが、そうであっても、果たしてすんなりと身を任せることができたのかどうか。

彼女は天正二十年（一五九二）に家康の六男・辰千代（のちの松平忠輝《ただてる》）を、続いて文禄三年（一五九四）に松千代を産む。天正十八年（一五九〇）の小田原征伐で、家康は関東移封になっているから、彼女は二児を江戸城で産んだのだろう。

家康はどうしたわけか辰千代を好まず、辰千代を差し置いて、生まれたばかりの松千代を武蔵国の深谷《ふかや》藩一万石の藩主とする。ところが慶長四年（一五九九）、松千代は六歳で早世。辰千代が弟の名跡を継いで深谷藩主となった。

その前年、五大老筆頭に就いた家康は、死を前にした豊臣秀吉から嫡男・秀頼が成人するまでの政務を任された。対抗勢力の台頭を恐れた秀吉は、大名同士の婚姻を禁止していたが、同年秀吉が死ぬと、家康は自らの政治基盤を強化するため、他の大名との婚姻を頻繁に行うようになる。その一つが、辰千代と伊達政宗《だてまさむね》の長女・五郎八姫《いろはひめ》との婚約であった。

慶長五年（一六〇〇）、家康は関ヶ原の合戦で勝利し、三年後に江戸幕府を開く。その前年の慶長七年（一六〇二）、辰千代は元服して松平忠輝と改名し、武蔵国深谷一万石、下総《しもうさ》国佐倉《さくら》五万石に加え、信濃国川中島十四万石を与えられた。

茶阿局にとって、正に我が世の春であったろう。彼女は聡明だが、計算高いところもあったようで、息子の出世に乗じて、前夫との息子二人（善八郎・又八郎）を忠輝の小姓として召し出し、娘・於八の夫、花井吉成《よしなり》を忠輝の家老職に就かせている。

忠輝は慶長十一年（一六〇六）、五郎八姫と正式に結婚し、その後、越後国高田七十五万石の領主に収まったが、元和二年（一六一六）に家康が没すると、度重なる失態から異母兄の二代将軍・秀忠によって改易され、伊勢国へ流罪となった。ちなみに忠輝の改易後、吉成は自刃したとされる。

家康の死後、剃髪し朝覚院《ちょうかくいん》と称していた茶阿局は、忠輝の処分撤回のために奔走し、同じ家康の側室であった阿茶局に取り成しを頼んだりしたが、聞き入れられることはなかった。元和七年（一六二一）六月十二日、茶阿局は病により死去した。

# 「側室三人衆」の一人
# お亀の方（一五七三〜一六四二）

京都石清水《いわしみず》八幡宮の社人・志水宗清《しみずむねきよ》の娘、お亀《かめ》が徳川家康の側室になったのは、文禄三年（一五九四）のことである。

彼女はまだ二十二歳であったが、過去に竹腰正時《たけこしまさとき》という武士に嫁ぎ、男子（竹腰正信《まさのぶ》）をもうけていた。正時の死後、石川光元《みつもと》という人物の側室になっていたともいわれ、もしそうなら、お亀にとって家康は三人目の夫ということになる。

お亀の方

家康には二十人近く側室がいたとされるが、その中に子持ちの未亡人が実に多い。それは彼が三歳の時に生母（於大の方）と生き別れ、未亡人だった祖母（華陽院《けよういん》）に育てられたからだ、というまことしやかな説もあるが、一家の繁栄のため子供をたくさんもうけるのが使命の武将にとって、出産歴のある未亡人は、その意味で価値があったのかもしれない。

しかし、そうであっても、やはり家康の好みに合わなければならなかったろう。お亀と家康の出会いについて、一説では、お亀が独り身となったのち、奉公に出ていた先で、たまたま立ち寄った家康に彼女が茶を出したところ、家康はその豊満な体と美しい容貌に一目惚れし、側室にしたという。

お亀の父・志水宗清は、石清水八幡宮祀官《しかん》家・田中氏の分家とされ、宗教的な環境で育った彼女は、性格面でもおそらく奥ゆかしく、しとやかな女性だったのだろう。そういうところも、家康の気を引いたのかもしれない。この時、家康は五十二歳でお亀とは親子ほどの年の差があった。家康は、宗清を還俗させ、三千石を与えて旗本に加えた。

輿入れ後、お亀は「お亀の方」と呼ばれるようになる。家康に嫁いだ翌年、彼女は仙千代という男子を産むが、惜しいことに六歳で夭逝した。この頃、家康は秀吉の指揮下にあり、文禄元年（一五九二）、秀吉が朝鮮出兵を開始すると、秀吉の命で、前線基地である肥前《ひぜん》国名護屋《なごや》城に布陣し、また、文禄四年（一五九五）に秀次事件が起こると、やはり秀吉の命に服し、上洛して事態の収拾に当たった。以来、家康は、京都伏見の徳川屋敷に詰めることが多くなり、仙千代も四歳で大坂に移るまで、お亀の方と共に伏見で暮らしていたようだ。

低い身分の出身でたまたま家康の側室となったお亀の方であるが、後世、お万《まん》の方（養《よう》珠院《じゅいん》）、於勝《おかつ》の方（英勝院《えいしょういん》）と共に「側室三人衆」の一人に数えられるようになる。側室三人衆とは、家康の側室のうち、特に政治的に力を持った三人に対しての呼び名であった。

というのも、慶長五年（一六〇〇）、関ヶ原の合戦の年に彼女は、二番目の男子・五郎太を産むが、五郎太はのちに徳川義直《よしなお》と改名し、尾張徳川家の始祖となったのである。尾張徳川家といえば、徳川御三家の一つである。

お亀の方が義直の生母として、周囲から持ち上げられたのは当然のことであろう。また、そういう環境に置かれると、意外にも力を発揮できる素質が、彼女にはもともとあったのかもしれない。

ちなみに、お万の方の産んだ頼宣《よりのぶ》と頼房《よりふさ》は、それぞれ御三家である紀州徳川家と水戸徳川家の始祖となっており、於勝の方は頼房の養母を務めている。

家康の死後、お亀の方は相応院《そうおういん》と号し、義直が初代城主を務める尾張国名古屋城で優雅に暮らした。彼女と前夫との子・竹腰正信は徳川家に取り立てられ、名古屋城築城の際には普請役《ふしんやく》を務めているが、もちろんお亀の方の引き立てがあったに違いない。

寛永十九年（一六四二）九月十六日、名古屋城においてお亀の方死去。七十歳だった。

# 松平信康に嫁いだ織田信長の娘
# 徳姫（一五五九〜一六三六）

織田信長と生駒吉乃《きつの》の長女・徳姫《とくひめ》が、徳川家康の嫡男・松平信康《のぶやす》（一五五九〜一五七九）に嫁いだのは、永禄十年（一五六七）のことである。この頃の家康は、松平姓を徳川姓に改め、信長の盟友として三河国から今川領である遠江国へと版図を広げていく時期であり、さらに織田氏との結びつきを強めるため、信康の正室に徳姫を迎えたのであった。

信康は、永禄三年（一五六〇）の桶狭間の戦いによって、家康が今川氏から独立したあとも、人質として母・築山殿と共に駿府に残され、今川氏との人質交換により、岡崎城の家康の元に戻ることができたのは、永禄五年（一五六二）のことである。それから五年、九歳になった信康は、同い年の徳姫と、岡崎城で幼い結婚生活を始めた。

翌永禄十一年（一五六八）、家康は武田氏と結んで駿河へ侵攻し、かつての主君・今川氏を滅亡に追い込み、また、足利義昭を奉じて上洛した信長に、援軍を送っている。元亀元年（一五七〇）には、家康は岡崎城を信康に譲り、自らは遠江国の浜松城（引馬城を改名）に移って、そこを本拠とした。

同じ年、家康と入れ替わるように、信康の生母・築山殿が岡崎城に入った。彼女は、信康と共に駿府の今川氏から解放され、岡崎に戻っていたが、今川氏の親族ということで、城内に入ることが許されず、城下の寺院に幽閉されていたのだ。

この時、徳姫は十二歳。初めて同居する二十八歳の姑に、彼女はどんな印象を抱いただろうか。徳姫は、六年後の天正四年（一五七六）に長女・登久姫《とくひめ》を、その翌年に二女・熊姫《くまひめ》を産むが、なかなか男子に恵まれなかった。それを心配した築山殿は、家臣の娘などを信康に側室として与えた。そのことが徳姫と、築山殿及び信康との仲を悪くしたといわれるが、無きにしもあらずの話であろう。

この頃、家康や信長が岡崎に来たことが分かっているが、彼らの仲がよくないのを心配してのことであった可能性もあるようだ。そして天正七年（一五七九）、二十一歳の徳姫は、父・信長に対し、武田氏との密通など、築山殿と信康に関する十二ヶ条の訴状を提出したのである。

これを受け、信長は築山殿と信康の処罰を家康に命じ、家康はやむなくその命に従った、とされる。築山殿は家康の家臣により殺害され、信康は幽閉先で切腹する。二人の死後、徳姫は娘の登久姫と熊姫を残し、舅・家康に見送られて岡崎城を出ると、美濃国の長兄・信忠の元（近江国安土の父・信長の元とも）に向かった。

正室と嫡男を処罰せざるを得なくなった、その原因を作った嫁を見送る家康の気持はいかなるものであったか。もっとも、この事件には謎が多く、家康と信康の対立が原因とする説もある。だとするなら、徳姫は夫を殺された被害者ということになるのだが、いずれにしろ、彼女のその後の人生もまた、戦乱の嵐に翻弄されるものとなる。

天正十年（一五八二）、織田氏は徳川氏と共に甲州征伐を決行し、武田氏を滅ぼして絶頂期を迎えるが、その直後に起こった本能寺の変で、徳姫は父・信長と長兄・信忠を失う。次兄の織田信雄《のぶかつ》に保護されるものの、二年後、信雄は家康と組んで羽柴秀吉と衝突（小牧・長久手の戦い）。半年に及ぶ戦闘ののち両者は和睦するが、その条件として徳姫は京都で人質となった。

信雄は一旦秀吉に臣従するが、天正十八年（一五九〇）、小田原征伐後の徳川旧領への移封命令に従わなかったため改易となり、徳姫は尾張国小折（母の実家・生駒氏の本拠）に移った。

慶長五年（一六〇〇）の関ヶ原の合戦後、徳姫のかつての嫁ぎ先であった徳川氏の天下になると、徳姫は、家康の四男・松平忠吉《ただよし》から千七百六十一石の所領を与えられている。晩年は京都に隠棲し、寛永十三年（一六三六）死去。七十八歳だった。

# 徳川秀忠に嫁いだ織田信長の孫

## 小姫（一五八五～一五九一）

織田信雄の長女・小姫《おひめ》が徳川家康の三男・徳川秀忠（一五七九～一六三二）に嫁いだのは、天正十八年（一五九〇）一月のことである。秀忠十二歳、小姫はまだ六歳の幼女だったから形だけの結婚である。

この時、家康の嫡男・信康はすでに切腹し、二男・秀康は秀吉の養子に出されていたので、三男・秀忠が名実ともに家康の後継者であった。一方小姫は、天正十二年（一五八四）の小牧・長久手の戦いで、信雄と羽柴秀吉が和睦したあとに生まれており、誕生後ほどなくして秀吉の養女になっていた。

秀吉はこの年、小田原征伐を決行することになるが、徳川氏との絆をさらに強めるため、この結婚を進めたとされる。

ところで、小姫の生母は、伊勢国司《こくし》北畠《きたばたけ》家八代当主・北畠具教《とものり》の娘である。永禄十二年（一五六九）、織田信長が自国領に侵攻してきた時、具教は大河内《おかわち》城に籠って織田軍を迎え撃つが、五十余日後に降伏（大河内城の戦い）。降伏条件として、信長の二男・信雄（十二歳）を、娘・雪姫（千代御前）の婿養子として迎え入れることを認めさせられたのであった。

信雄は天正三年（一五七五）、十八歳で北畠氏の家督を相続すると、翌年家臣に命じ、具教とその息子らを殺害させた。これにより、戦国大名としての北畠氏は、完全に織田氏に乗っ取られてしまう。

そんな血なまぐさい歴史を背景に小姫は生まれてきたのである（ちなみに彼女の生母・雪姫のその後は定かでないが、早世したのか、後年信雄は彼女のいとこを継室に迎えている）。そして、その生涯は極めて短いものだった。

小田原征伐後、小姫の養父・秀吉が天下統一を達成するが、実父・信雄は秀吉の移封命令に従わなかったため、改易され下野国《しもつけ》烏山《からすやま》への流罪となる。小姫は聚楽第《じゅらくだい》（秀吉が京都に築いた豪華絢爛《ごうかけんらん》な邸宅）において、秀吉の正室・北政所（おね）の手で養育された。しかしそれも空しく、翌天正十九年（一五九一）七月九日死去。七歳だった。結婚して一年足らず、身の回りに起きた目まぐるしい変化が、幼い体には人知れず耐えがたかったのかもしれない。

信長の孫として生まれ、秀吉の養女となり、家康の息子に嫁いだ自身の、政略的価値や歴史的意味など理解すべくもなく世を去った。小姫の葬儀は、京都の天瑞寺《てんずいじ》（明治初期に廃絶）でしめやかに行われたという。

# 徳川秀忠と再々婚した姉さん女房

## 江（一五七三〜一六二六）

浅井《あざい》長政《ながまさ》の三女・江《ごう》が徳川家康の三男・徳川秀忠と京都伏見で祝言を上げたのは、文禄四年（一五九五）九月十七日のことである。

江

家康に嫁いでいた豊臣秀吉の妹・朝日姫が死去して以降、徳川との婚姻が途絶えていたため、秀吉は自らの保護下にあった江を秀忠に嫁がせたのであった。ちなみに、江の生母は信長の実妹・お市の方であり、江は信長の姪に当たる。

秀忠十七歳に対し、江は二十三歳の姉さん女房であった。両人とも初婚ではなく、秀忠は十二歳の時、織田信雄の娘・小姫《おひめ》（六歳）と形だけの政略結婚をしたが、翌年死別していた。

江のほうは三度目の結婚である。江

は天正元年（一五七三）の生まれとされるが、その年に浅井氏の居城・小谷城《おだに》が信長に攻められて落城し、母・お市の方、長姉・茶々、次姉・初と共に伯父である信長に保護された。

その後、お市の方が柴田勝家に再嫁すると、勝家の居城・越前北ノ庄城へ移るが、天正十一年（一五八三）、秀吉の攻撃で北ノ庄城は落城。江は、姉二人と共に秀吉の預かりとなった。彼女は、実父・浅井長政を小谷城落城の際に、養父・柴田勝家と実母・お市の方を北ノ庄城落城の際に亡くしていた。

さて、江の最初の結婚であるが、十二歳の時、秀吉の命により尾張大野城主の佐治一成《さじかずなり》に嫁いでいる。一成は江の従兄《いとこ》に当たり、まだ十六歳であったが、秀吉は佐治氏の海運力に目を付けたといわれる。ところが、小牧・長久手の戦いにおいて、一成が秀吉の敵であった家康の渡河を助けたため、秀吉は激怒。江はわずか一年ほどで離縁させられてしまう。

二度目は、江が二十歳の時、相手は秀吉の甥で養子の丹波亀山城主・羽柴秀勝《ひでかつ》であった。のちに秀吉から関白を引き継ぐ豊臣秀次《ひでつぐ》は彼の実兄である。当時秀勝は二十四歳で、若い二人は聚楽第において新婚生活をスタートさせた。

しかし、秀勝は朝鮮の役で戦病死し、江の結婚生活はまたしても、一年と続かなかったのである。江は秀勝の死後、彼との子である、完子《さだこ》という女子を出産している。秀忠に嫁ぐのに、子連れというわけにはいかなかったのだろう、完子は江の長姉・淀殿（茶々）が養女として育て、後年公家・九条忠栄《くじょうただひで》の正室となった。

秀忠は恐妻家だったといわれるが、江は秀忠との間に二男五女をもうけた。関ヶ原の合戦前に生まれた長女・千姫《せんひめ》は豊臣氏当主・豊臣秀頼に、二女・珠姫《たまひめ》は加賀藩主・前田利常《としつね》に嫁いだ。

関ヶ原の合戦で勝利した家康は慶長八年（一六〇三）、征夷大将軍に任じられ、江戸幕府を開く。家康の後を継いで秀忠が二代将軍の座に就くと、江は江戸城で御台所《みだいどころ》として権勢をふるった。また、関ヶ原の合戦後に生まれた嫡男・家光《いえみつ》は三代将軍に、五女・和子《まさこ》は後水尾《ごみずのお》天皇の中宮《ちゅうぐう》となり、明正《めいしょう》天皇を産んだ。正に位人臣《くらいじんしん》を極めたのである。

前半生において、二度の落城、二度の夫との離別という不幸に見舞われた江は、後半生では、将軍の妻となり母となり、さらには天皇の祖母となる栄華に浴したのだった。

元和《げんな》二年（一六一五）五月、大坂夏の陣で家康は豊臣氏を滅ぼした。江は亡くなった姉・淀殿と甥・豊臣秀頼の菩提を弔うため、京都養源院《ようげんいん》で法要を行っている。寛永三年（一六二六）九月十五日、江戸城西の丸で死去。五十四歳だった。

# 松平忠輝に嫁いだ伊達政宗の娘
# 五郎八姫（一五九四～一六六一）

伊達政宗《だてまさむね》の長女・五郎八姫《いろはひめ》が徳川家康の六男・松平忠輝《ただてる》（一五九二～一六八三）と婚約したのは、慶長四年（一五九九）一月二十日のことである。この時、忠輝八歳、五郎八姫は六歳だった。家康は、何故か誕生した時から忠輝を嫌い、同じ茶阿局を母に持つ弟の松千代を可愛がったが、慶長三年（一五九八）に松千代が早世すると、弟に代わって忠輝に長沢松平氏の家督を継がせ、武蔵国深谷一万石の所領を与えた。

その前年、五大老筆頭となった家康は、死を前にした秀吉から、嫡男・秀頼が成人するまでの間の政務を任された。対抗勢力の台頭を恐れた秀吉は、大名同士の婚姻を禁止したが、同年秀吉が死ぬと、家康は自らの政治基盤を強化するため、他の大名との婚姻を頻繁に行うようになる。その一つが、忠輝と、東北の雄・伊達政宗の長女、五郎八姫との婚約であった。

五郎八姫は文禄三年（一五九四）、政宗と正室・愛姫《よしひめ》の間に結婚後十五年目にしてようやく生まれた愛娘《まなむすめ》。この風変わりな名前は、嫡男を望んでいた政宗が、用意していた「五郎八」という男子名に「姫」を付けたものといわれる。彼女は、京の聚楽第伊達屋敷で生まれ、その後大坂、伏見で育てられた。

慶長五年（一六〇〇）、政宗の協力も得て関ヶ原の合戦で勝利した家康は、その三年後、征夷大将軍に任じられ江戸幕府を開いた。名実ともに徳川の天下となり、忠輝は元服後、武蔵国深谷一万石、下総《しもうさ》国佐倉五万石に加え、信濃国川中島十四万石を与えられ、松代《まつしろ》城（旧海津城）の城主となった。

忠輝と五郎八姫が伏見から江戸に移り、正式に結婚したのは慶長十一年（一六〇六）である。忠輝十五歳、五郎八姫は十三歳になっていた。二人の仲は良かったようだが、子供には恵まれなかった。

大坂夏の陣で豊臣氏を滅ぼした家康は、翌元和二年（一六一六）、死の床に付く。そして、息子たちを枕頭《ちんとう》に呼ぶが、忠輝には声がかからなかった。最後まで家康は忠輝を嫌っていたようで、その理由は、忠輝の生母・茶阿局の身分が低かったことのほか、忠輝の容貌が生まれながらに醜かったからだともいわれる。

家康の死後、跡を継いだ秀忠は、失態続きの弟・忠輝を改易し、伊勢国への流罪処分にした。忠輝の失態とは、大坂夏の陣で、大和から攻め入る軍勢の総大将を任されながら、遅参したことや、同陣の戦勝を家康が朝廷に報告する際、同行するよう命じられたにもかかわらず、病気を理由に参内せず、川遊びをしていたことなどを指すようだ。

忠輝の配流に伴い、二十三歳の五郎八姫は離縁され、生まれて初めて実家の仙台へ移った。その後は、父・政宗の元で暮らしたが、京で育った彼女にとって、東北の地は馴染むのに時間がかかったようである。しかしやがて、美しく聡明な彼女は城内の人望を集め、弟の二代藩主・忠宗《ただむね》も頼りにするようになったという。

また、政宗はまだ若い五郎八姫に盛んに再婚を勧めたが、彼女は頑なにそれを拒み続けた。なぜなら、五郎八姫は母・愛姫同様キリシタンであり、離婚を禁じるキリスト教の教えに従ったから、とされる。が、本当だろうか。不細工で素行に問題があっても、少女の頃から十年連れ添った忠輝に、彼女が愛惜《あいせき》の情を抱かなかったとは言い切れないのではないか。

寛文元年（一六六一）五月八日、五郎八姫、仙台城で死去。六十八歳だった。忠輝は、その後配流先が伊勢から飛騨へ、さらに信濃へと変わり、天和《てんわ》三年（一六八三）七月三日、諏訪高島城で死去した。九十二歳という長命であった。

# 7 豊臣氏

北政所
南殿
姫路殿
南の局
松の丸殿
加賀殿
淀殿
三の丸殿

甲斐姫
月桂院
広沢局
香の前
一の台
駒姫
千姫

豊臣氏は、天下人となった豊臣秀吉を初代とし、その子・秀頼の時代に滅亡する、実質的にはわずか二代しか続かなかった武家である。尾張（愛知県西部）の農家（足軽）出身で身分の低かった木下藤吉郎は、若くして織田信長の小者《こもの》となり、歴戦のうちに頭角を現す。天正元年（一五七三）、浅井《あざい》氏討伐における功績によって、信長から旧浅井領を賜り、長浜城を築いて、名を羽柴秀吉に改めた。

天正十年（一五八二）、信長が本能寺の変で明智光秀に討たれると、秀吉は遠征先の備中《びっちゅう》高松城からすぐに京へと引き返し（中国大返し）、山崎の合戦で光秀を滅ぼした。信長の後継者となった秀吉は、対抗する戦国大名を次々と滅ぼして天下統一を成し遂げ、さらには明の征服を夢見て朝鮮に出兵する。また、出世の証として関白職を手にし、姓を豊臣に改めた。

秀吉の死後、関ヶ原の合戦を制した徳川家康が、征夷大将軍に任ぜられ、江戸幕府を開く。家康は、豊臣氏の追い落としを図り、慶長十九年（一六一四）、秀頼の籠る大坂城を攻撃（大坂冬の陣）。一旦和睦した後、翌年再び攻撃を仕掛けると、大坂城は落城、秀頼は自害して、豊臣氏は滅んだ（大坂夏の陣）。

# 豊臣氏系図

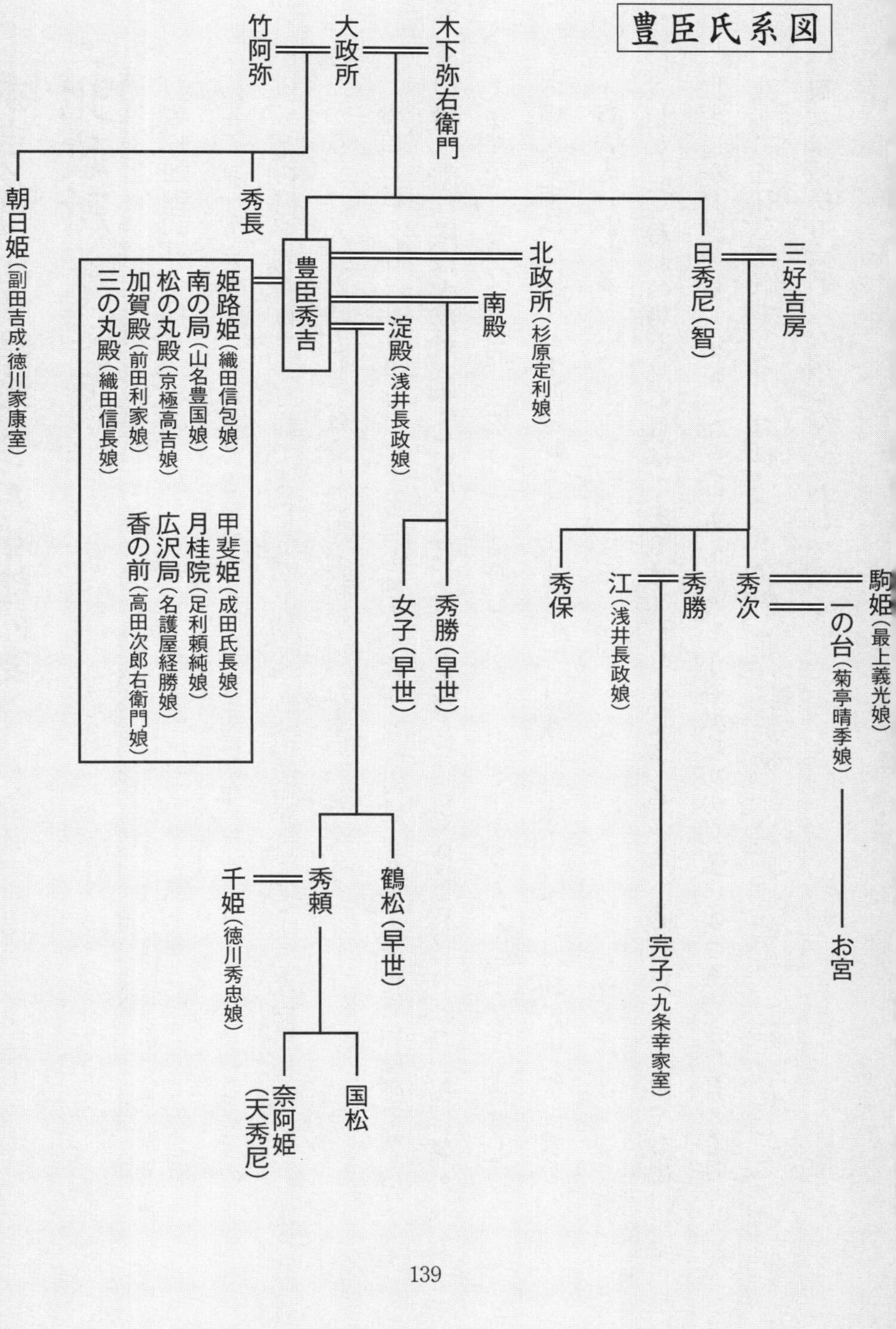

木下弥右衛門
大政所
竹阿弥
秀長
朝日姫(副田吉成・徳川家康室)
豊臣秀吉
北政所(杉原定利娘)
南殿
淀殿(浅井長政娘)
日秀尼(智)
三好吉房
姫路姫(織田信包娘)
南の局(山名豊国娘)
松の丸殿(京極高吉娘)
加賀殿(前田利家娘)
三の丸殿(織田信長娘)
甲斐姫(成田氏長娘)
月桂院(足利頼純娘)
広沢局(名護屋経勝娘)
香の前(高田次郎右衛門娘)
秀勝(早世)
女子(早世)
秀保
江(浅井長政娘)
秀勝
秀次
駒姫(最上義光娘)
一の台(菊亭晴季娘)
お宮
完子(九条幸家室)
鶴松(早世)
秀頼
千姫(徳川秀忠娘)
国松
奈阿姫(天秀尼)

# 秀吉とは恋愛結婚だった糟糠の妻

# 北政所（?～一六二四）

尾張国の武将・杉原定利《さだとし》の二女、おねが、織田信長の家臣・木下藤吉郎（のちの豊臣秀吉）（一五三七～一五九八）と結婚したのは、永禄四年（一五六一）八月のことである。この時、秀吉は二十五歳でまだ身分も低く、政略結婚が行えるような立場になかった。だから、二人は当時としては珍しい恋愛結婚だったといわれる。

おねのほうは、曲がりなりにも武将の娘だったから、百姓上がりの秀吉との結婚に彼女の母・朝日殿は大反対したといわれる。おねの生年については諸説あってはっきりしないようだが、親の反対を押し切ってまで結婚したくらいだから、おそらく二十歳近くにはなっていたのではないか（十四歳説もあるが）。二人は藁《わら》の寝床で、欠けた杯によって祝言を上げたといわれる。

しかし、おねの男を見る目は、ある意味正しかった。その後、秀吉は人もうらやむ出世街道を驀進する。天正二年（一五七四）、小谷城攻めの功績により秀吉が信長から長浜十二万石を拝領すると、おねは姑・なかと共に長浜城に入った。結婚十三年目にして、彼女は城持ち大名の女房となったわけである。

北政所

聡明で働き者のおねは、多忙な夫に代わって実質的な城主代行を務めたといわれる。ちなみに翌年、秀吉は長篠の戦いに従軍しており、織田・徳川連合軍は、戦国最強と言われた武田軍を撃ち破っている。その戦いぶりを、秀吉は、留守を預かっていたおねにさぞ自慢気に話したことだろう。

秀吉との間に子供はできなかったが、おねは、秀吉の親戚筋で小姓として秀吉に仕える加藤清正《きよまさ》や福島正則《まさのり》の面倒をよく見た（一時黒田長政も預かっている）。

ただ、この頃から彼女は、秀吉の女好きに随分と悩まされたようだ。秀吉は長浜城主時代に側室・南殿《みなみどの》との間に秀勝（石松丸）という男子をもうけたとされる。戦国武将が側室を持つことは、当時なんら批判されるものではなかったが、秀吉と恋愛結婚で結ばれたおねにしてみれば、釈然としないものがあったのだろう。彼女を激励するため、主君の信長がわざわざ書状を送っているぐらいだから、その深刻さが伺える。

秀吉が大坂城を築くと、秀吉と共におねも同城に移り、天正十三年（一五八五）、秀吉の関白就任に伴い、彼女は北政所《きたのまんどころ》と称されるようになった。天正十六年（一五八八）の後陽成《ごようぜい》天皇の聚楽第行幸《ぎょうこう》の際には、事務全般を取り仕切り、その働きぶりが評価されて従一位に叙せられるなど、正にトップレディーとして八面六臂《はちめんろっぴ》の活躍ぶりであった。

この時期、上杉景勝や徳川家康も、秀吉に臣下の礼を取るため、大坂城を訪れているが、彼らも彼女の歓待を受けたに違いない。

文禄二年（一五九三）、側室の淀殿が秀吉の嫡男・秀頼を産んでからも、北政所の正室の座は揺るがなかった。慶長三年（一五九八）八月十八日、秀吉は立志伝中の生涯に終止符を打った。享年六十二。秀吉の死後、北政所と淀殿は協力して秀頼の養育に当たったという。秀吉の死の翌年、北政所は大坂城を淀殿に任せ、京都三本木の屋敷に移った。

慶長五年（一六〇〇）の関ヶ原の合戦では家康側に立ち、戦後家康から河内国内の広大な所領を安堵されている。その後、落飾《らくしょく》して高台院と称し、秀吉の菩提を弔うため、京都東山に高台寺《こうだいじ》を建立した。

慶長十九年（一六一四）十二月、大坂冬の陣が勃発。豊臣氏を滅ぼそうと、家康率いる幕府軍が大坂城を攻撃する。北政所は、戦いを思い留まるよう、淀殿と秀頼を説得するため大坂へ向かうが、鳥羽《とば》で幕府軍に行く手を阻まれてしまう。翌年の大坂夏の陣でも、彼女は幕府の監視下に置かれ、結局大坂城は落城、豊臣氏は滅亡した。糟糠《そうこう》の妻として秀吉を支え、共に築き上げた豊臣家の壮絶な幕切れに、彼女は何を思ったか。伺うすべはないが、その後も彼女は、徳川家と良好な関係を続けた。寛永元年（一六二四）九月六日、高台寺屋敷で死去。七十代あるいは八十代の高齢であった。

## 秀吉の最初の子を産んだ？
## 南殿（?〜一六三四）

豊臣秀吉の側室・南殿《みなみどの》の素性及びいつ側室になったかはよく分かっていない。ただ、秀吉が初めて城主となった長浜城時代にはすでに側室であったようである。「南殿」という呼び名も、長浜城での彼女の住まいが城の南側にあったからともいわれる。

天正四年（一五七六）、正室・おねは、信長に秀吉の不貞を手紙で訴えているが、その原因が南殿に関係する可能性も無きにしも非ずのようである。

謎の多い南殿であるが、彼女が注目されるのは、何といっても秀吉の最初の子・石松丸

（羽柴秀勝）を産んだとされるからだ。現在、毎年四月に長浜市で行われる曳山《ひきやま》祭りは、秀吉が石松丸の誕生を祝って町民に砂金を贈り、それを元に町民たちが山車《だし》を作って、八幡宮の祭礼で曳いたのが始まりとされる。

本当に石松丸が秀吉の実子であったなら、秀吉は子供ができない体質という説はこの時点で覆される。後年、それをもって、秀頼の本当の父親は秀吉ではないのでは、という噂（淀殿の浮気説）も成り立たなくなるのだ。

石松丸秀勝は、天正四年（一五七六）十月十四日、まだ幼児のうちに亡くなっている。翌年、秀吉は信長の命で、上杉謙信と戦う柴田勝家を支援するため、加賀に出兵するが、作戦をめぐって勝家と言い争い、挙句戦線を離脱して、信長の大目玉を喰らっている（手《て》取川《どりがわ》の戦い）。第一子を亡くした悲しみに、あるいは秀吉の心はささくれ立っていたのかもしれない。また、秀吉は後年、姉・日秀《にっしゅう》の二男で自分の養子にした小吉《こきち》や、信長の四男でやはり養子にした於次丸《おつぎまる》に秀勝という名を付けているが、それは、早世した石松丸秀勝が忘れがたかったからだともいわれる。

南殿は、秀勝に続いて女子を一人産んだが、その子も早世したという。それからほどなくして彼女は、竹生島《ちくぶしま》の宝巌寺《ほうごんじ》で出家し、寛永十一年（一六三四）に死去したとされる。秀吉と豊臣家の盛衰を、彼女は島影からそっと見守り続けたのだろうか。

# 秀吉の側室になった織田信長の姪
## 姫路殿（?～一六四一）

信長の弟・織田信包《のぶかね》の娘、姫路殿《ひめじどの》が、豊臣秀吉の側室になったのは、天正五年（一五七七）頃だと思われる。この頃、秀吉は四十過ぎの脂の乗り切った時代。信長の命により総大将として毛利《もうり》氏勢力を抑えるため、中国征伐に取り組んでおり、織田氏に臣従した播磨の黒田孝高《よしたか》（官兵衛）から、姫路城を譲り受け拠点とした。彼女が姫路殿と呼ばれるのは、秀吉がこの城に住まわせたからである。

姫路殿の父・信包は、織田信秀の四男とされる。信秀の嫡男・信長には十一人の兄弟がいたといわれるが、異母兄の信広《のぶひろ》は天正二年（一五七四）、伊勢長島一向一揆《いっこういっき》攻めにおいて戦死しており、すぐ下の弟・信勝（信行）は、弘治三年（一五五七）に謀反の廉《かど》で信長の家臣によって殺害されている。

したがって信包は、当時信長に一番歳の近い弟であり、信長から伊勢安濃津《あのつ》城主に任命され、天正三年（一五七五）の越前一向一揆攻めや、天正五年（一五七七）の紀州攻めでも活躍、織田氏一族の信頼を得ていた。また、天正元年（一五七三）に浅井長政の居城・小谷城が織田氏の攻撃で落城した時、長政に嫁いでいた妹・お市の方と彼女の三人の娘、茶々・初・江を保護したのも彼であった。

そんな信包が、信長の存命中に自分の娘を秀吉の側室に差し出したのは、それだけ秀吉が、織田家臣の中でも注目すべき存在になっていたからだろう。もっとも、姫路殿の生母は伊勢国の戦国大名・長野藤定《ふじさだ》の娘とされるが、農民上がりの秀吉を嫌ったのだろう、娘の輿入れが決まった際、一時娘を信包の屋敷に引き取って返さなかったという。

天正十年（一五八二）六月二日、本能寺の変が勃発した時、備中《びっちゅう》高松城を攻略中であった秀吉は、直ちに明智光秀を討つべく京へと引き返すが、途中姫路城へ立ち寄り態勢を立て直している。その時、姫路殿は城内にいたのだろうか。もしいたなら、何と言って秀吉を出迎え、どういう言葉で京へと送り出したのだろうか。

山崎の合戦で光秀を滅ぼした秀吉は、翌天正十一年（一五八三）、信長に代わって天下を統一すべく自ら築いた大坂城へ移った。当然姫路殿も同行したのだろう。

姫路殿は秀吉に寵愛されたようだが、信長の死後、秀吉に従っていた父・信包が、天正十八年（一五九〇）の小田原征伐の際、北条氏政・氏直父子の助命を願い出たため、秀吉の怒りを買って改易されており、彼女の立場も難しいものになったかもしれない。

その後信包は秀吉に許され、関ヶ原の合戦では西軍に付いたが、戦後家康は、信包の罪を問わず所領は安堵された。慶長十九年（一六一四）七月、信包は大坂冬の陣が始まる前に大坂城内で亡くなっている。秀吉の死後、姫路殿がどうなったかはよくわからない。ただ、長く生き延び、豊臣氏が滅んで二十六年後の寛永十八年（一六四一）五月八日に死去したとされる。

## 人質から側室になった鳥取城主の娘
## 南の局（生没年不詳）

鳥取城主・山名豊国《やまなとよくに》（禅高《ぜんこう》）の娘、あかねが、豊臣秀吉の側室になったのは、天正八年（一五八〇）のことである。この年、秀吉は織田信長の命で第一次鳥取城攻めを行った。全盛期を迎えていた信長は、五層七重の絢爛豪華な安土城《あづち》を琵琶湖岸に築城し、甲斐の武田勝頼、越後の上杉景勝、石山本願寺などの動向を睨《にら》みながら、播磨・中国の毛利勢に対して侵攻を開始する。その総司令官に命じられたのが、秀吉だった。

播磨国の三木城、摂津《せっつ》国の有岡《ありおか》城を落とした秀吉は、次のターゲットとして因幡《いなば》国の鳥取城に攻め入ったのである。城主・山名豊国は、父親が但馬《たじま》山名家の山名豊定《とよさだ》、母親は室町幕府管領《かんれい》・細川高国《たかくに》の娘という血筋の良さであった。

因幡山名家を継承した高国は、当時毛利氏の配下にあり、あかねは豊国の妻や家臣らと共に、毛利氏の人質として近隣の鹿野城《しかの》に預けられていた。この鹿野城を秀吉はまず攻撃する。

難なく同城を落とした秀吉は、あかねらを今度は織田方の人質として奪ったうえで、鳥取城を包囲する。そして、人質の命と引き換えに開城を迫るが、豊国は頑として応じなかった。秀吉は、豊国の家臣の家族らを磔《はりつけ》にすると一人ずつ処刑していった。それでも豊国は動じなかったが、我が娘・あかねが磔にされるのを見ると、さすがに耐えきれず開城を決意した。

この時、家臣である森下道誉《どうよ》、中村春続《はるつぐ》は徹底抗戦を主張したが、豊国は単身、秀吉の元へ出向き、降伏の意を伝えたといわれる。

しかし、秀吉は、あかねの命こそ助けたものの、因幡国を安堵するという約束を反故《ほご》にし、豊国には二郡を与えたのみであった。しかも、娘のあかねは秀吉の側室にさせられてしまう。それは、豊国を織田陣営に繋ぎ止めておくためであったろうが、きっと、秀吉の目に留まるくらい彼女の容色はすぐれていたのだろう。あかねは「南《みなみ》の局《つぼね》」と名付けられるが、その後の動向はよく分かっていない。

一方豊国は、道誉、春続によって鳥取城を追放され、新城主として、毛利氏の肝入りで石見吉川《いわみきっかわ》氏当主・吉川経家《つねいえ》が迎えられた。追放された豊国は、秀吉に臣従し、天正九年（一五八一）の第二次鳥取城攻めに加わっている。この戦で秀吉率いる織田軍が取った作戦は、「渇殺《かつえ》し」と称される徹底した兵糧攻めで、開城までに籠城側に多くの餓死者を出した（人肉を奪い合うような苛酷な事態になったといわれる）。

自分の育った麗しい城での惨劇に、あかねはさぞ心を痛めたことだろう。

## 秀吉の寵愛を受けた名家の未亡人
## 松の丸殿（？～一六三四）

京極高吉《きょうごくたかよし》の娘・竜子《たつこ》が豊臣秀吉の側室になったのは、天正十年（一五八二）のことと思われる。竜子の実家である京極氏は、宇多源氏《うだげんじ》の流れを汲む近江源氏・佐々木氏を起源とする名門で、室町時代初めに佐々木道誉《どうよ》（京極高氏《たかうじ》）が活躍し、一時は近江のほか出雲《いずも》・隠岐《おき》・飛騨《ひだ》の守護を務めるほどに繁栄した。

しかし、応仁《おうにん》の乱後は家督争いなどで衰退し、高吉の時代には、北近江の支配権を勃興してきた浅井《あざい》氏に奪われている。ちなみに、竜子の生母・京極マリアは浅井氏当主・

松の丸殿

浅井久政《ひさまさ》の娘である。

ところで、竜子は秀吉の側室となる以前、若狭《わかさ》武田氏九代当主・武田元明《もとあき》に嫁ぎ、二男一女をもうけていた。若狭武田氏は甲斐武田氏の庶流で、もとは若狭国の守護であったから、京極氏とは共に守護の家格を持つ名門同士であった。

この年の六月二日、本能寺の変が勃発し信長が自害するが、その時元明は明智光秀側に付いた。若狭武田氏は、永禄十一年（一五六八）に侵攻してきた朝倉氏に若狭の支配権を奪われ、天正元年（一五七三）に朝倉氏が信長によって滅ぼされると、若狭は信長の命で織田氏家臣の丹羽長秀が領するところとなった。

元明は、本能寺の変の混乱に乗じて、若狭の支配権の回復をはかろうとしたのであった。しかし、山崎の合戦で光秀は秀吉に破れ、落ち武者刈りの農夫に殺害された。劣勢を悟った元明は降伏の意志を示すが、丹羽長秀におびき出され、近江国海津《かいづ》で謀殺された。

未亡人となった竜子は、北近江を支配する秀吉に捕えられ、彼の側室にさせられたのである。美貌の誉れ高く、三国の守護であった京極氏出身の彼女を秀吉が見逃すはずがなかった。出身身分の低かった秀吉は、美人と名家の子女には目がなかったのである。

秀吉は竜子を大坂城の西の丸に住まわせたため、彼女は初め「西の丸殿」と呼ばれたが、のちに伏見城の松の丸に移されたため、「松の丸殿」と呼ばれるようになった。

秀吉は彼女を深く寵愛し、小田原征伐や名護屋城における布陣にも彼女を同伴した。また、彼女の兄である京極高次《たかつぐ》を近江大溝《おおみぞ》城主に取り立て、淀殿の妹・初を高次に嫁がせている。

慶長三年（一五九八）三月、秀吉は京都の醍醐《だいご》寺《じ》において、妻妾はじめ諸大名とその女房ら千三百人を従え、盛大な花見を催した。世に言う「醍醐の花見」である。松の丸殿には北政所、淀殿に続く三番目の輿があてがわれたが、宴会の席で、杯の順番をめぐって彼女と淀殿が争い、前田利家《としいえ》の正室・まつがそれを取りおさめたという逸話は有名である。

かつて淀殿の生家・浅井氏は京極氏の家臣であり、二人の出身の格差が動機として考えられるが、真相はどうであったのだろうか。

醍醐の花見の五ヶ月後、秀吉はその立身出世の生涯に終止符を打った。秀吉の死後、松の丸殿は、兄・京極高次が城主を務める大津城に身を寄せた。関ヶ原の合戦時は、高次が東軍に付いたため、大津城は毛利元康《もとやす》率いる西軍の砲撃を受け、中にいた松の丸殿は卒倒する目に遭っている。

戦後、彼女は出家して寿芳院《じゅほういん》と号し、高台院や（杯の順番を争ったはずの）淀殿らと豊臣家の女同士、交際を続けたという。大坂夏の陣では、淀殿の侍女・菊を保護したり、六条河原で処刑された、秀頼の庶子・国松の遺体を引き取り、誓願寺《せいがんじ》に葬ったりしている。松の丸殿は、キリシタンであった母（京極マリア）譲りの優しい心根の持ち主だったのだろう（とても、杯の順番をめぐって争うような性格とは思えない！）。寛永十一年（一六三四）九月一日、京都西洞院で死去。

## 秀吉と離縁、公家と再婚した前田利家の娘
## 加賀殿（一五七二〜一六〇五）

加賀の戦国大名・前田利家《としいえ》の三女、摩阿姫《まあひめ》が豊臣秀吉の側室になったのは、天正十三年（一五八五）頃とされる。前田利家は幼い頃から小姓として織田信長に仕え、信長の重臣・柴田勝家の与力《よりき》として、数々の合戦で目覚ましい活躍を見せた。

天正九年（一五八一）、利家は信長から加賀二十三万石を与えられ、七尾《ななお》城を本拠とする戦国大名となる。永禄元年（一五八三）には、従妹のまつを正室に迎えているが、摩阿姫の生母はまつではなく、側室の一人だとされる。ちなみに、のちに備前《びぜん》国岡山城主・宇喜多秀家《うきたひでいえ》の正室となる豪姫《ごうひめ》は、まつの実子で、摩阿姫の異母妹に当たる。

天正十年（一五八二）、十一歳の摩阿姫は柴田勝家の家臣・佐久間十蔵《じゅうぞう》と婚約し、越前北ノ庄城に入った。ところが、翌年勃発した賤ヶ岳《しずがたけ》の戦いで、勝家が秀吉に敗れ、北ノ庄城が落城。十蔵も自害するが、摩阿姫は女中の機転で何とか城を脱出し、前田家に戻ることができた。

ちなみにこの時、勝家の養女であった茶々、初、江の三姉妹も落城前に城を脱出している。彼女たちもまた、摩阿姫と同じローティーンであったから、摩阿姫は三姉妹と北ノ庄城内で親しく言葉を交わしていたかもしれない。

さて、それから数年して彼女は、五十近い秀吉の側室になったわけであるが、もともと体が弱かったようで、秀吉が好んだ有馬《ありま》温泉に湯治《とうじ》に出かけることもあったらしい。

そんなひ弱な彼女を秀吉は、「加賀殿」と名付けて寵愛し、慶長三年（一五九八）の醍醐の花見では、五番目の輿をあてがっている。この時、加賀殿の父・前田利家も正室・まつと共に陪席《ばいせき》しており、利家はその後、秀吉から五大老の一人に任じられている。

醍醐の花見から五ヶ月後、秀吉は世を去るが、加賀殿は、秀吉の存命中に側室を辞めたらしい。そして、権大納言・万里小路《までのこうじ》充房《あつふさ》の側室となり、一男（前田利忠《としただ》）を産んだ（秀吉との間には子供がなかったから、彼女もまた「秀吉種なし説」を実証する一人である）。万里小路家は名家の家格を持つ公家で、天皇家とも縁戚関係を持ち、当時隆盛を極めていた。しかし、加賀殿はその後充房とも離縁し、利忠を連れて加賀に戻っている。二度も離縁するというのは、何か加賀殿自身に理由となるべきものがあったのかもしれない。慶長十年（一六〇五）十月十三日死去。三十三歳だった。

## 嫡男・秀頼と共に豊臣氏に殉じた秀吉の側室

# 淀殿（一五六九？〜一六一五）

浅井長政の長女・茶々《ちゃちゃ》が豊臣秀吉の側室になるのは、天正十六年（一五八八）頃のことである。彼女はそれまでに小谷城、北ノ庄城の落城を経験し、それぞれ実父と養父（柴田勝家）・実母（お市の方）を亡くしていたが、皮肉にも両城攻撃の中心人物であった秀吉の元に嫁いだのである。

この頃の秀吉は、徳川家康、上杉景勝を臣下に付け、四国征伐、九州征伐を成し遂げて、天下取りは目前の状態だった（残すは相模の北条氏ぐらいであった）。茶々は二十歳前後、秀吉はすでに五十を越えていた。自らの保護下にあった茶々を、政略の駒としてではなく、自分の側室としたのは、やはり彼女に女としての魅力を感じていたからなのだろう。

茶々の生母・お市の方は、織田信長の妹である。秀吉は、小者《こもの》として信長に仕えていた頃から、お市の方に憧れを抱いていたといわれる（もちろん、高嶺《たかね》の花として眺めるしかなかったであろうが）。そして、茶々は娘の中で一番母親に似ていたらしく、秀吉がお市の方の面影を茶々の中に見たとしてもおかしくはない。実際、茶々と同様、秀吉が保護していた、茶々の妹の初と江は他家に嫁がされている。

淀殿

天正十七年（一五八九）、茶々は、秀吉からプレゼントされた淀城で嫡男・鶴松《つるまつ》を産んだ。以来、彼女は淀殿《よどどの》と呼ばれるようになるが、鶴松は三歳で夭逝。しかし文禄二年（一五九三）、彼女は大坂城で再び男子を産む。のちの豊臣秀頼である。

石松丸秀勝が亡くなってから、茶々が鶴松を産むまでの十三年間、多くの側室を抱えながら、秀吉は子供をもうけることができなかった。秀吉にはもはや子種がなく、秀頼の父親はほかにいるのではないか、という噂が立ったのは当然の成り行きだった。

淀殿の浮気の相手として名前が上がったのは、美男の誉れ高かった大野治長《はるなが》、豊臣家五奉行の一人・石田三成、歌舞伎の祖と呼ばれる名古屋山三郎《なごやさんさぶろう》などである。いずれも、ゴシップには申し分のないキャラの持ち主であるが、おそらくは後世の脚色であろう。

文禄四年（一五九五）以降、伏見城にいた淀殿と秀頼は、慶長三年（一五九八）に秀吉が死ぬと、大坂城に移り、淀殿は秀頼の後見人として豊臣家の実権を握った。しかし、二年後の関ヶ原の合戦で、徳川家康率いる東軍が勝利し、家康は慶長八年（一六〇三）、征夷大将軍に任ぜられ、江戸幕府を開いた。以後、淀殿は天下を豊臣家の手に取り戻すべく、家康と対立するようになる。

徳川の世を安泰にするため、豊臣家の捕りつぶしを決意した家康は、慶長十九年（一六一四）十二月、二十万の大軍で、大坂城を攻める。豊臣方は、秀頼の呼びかけにも関わらず、集まった十万の兵に大名は一人もおらず、ほとんどは関ヶ原の合戦後、失職して生活に困っていた「関ヶ原浪人」たちであった。

淀殿は彼らの士気を上げるため、自ら武装して閲兵《えっぺい》したといわれる。その甲斐あってか、豊臣側は善戦し、一旦は和睦に持ち込むことができた（大坂冬の陣）。しかし翌年、家康が再び攻撃を仕掛けると、大坂城は落城。淀殿は、秀頼と共に城内山里曲輪《やまざとぐるわ》の糒倉《ほしいぐら》で自害し、豊臣氏は滅亡した（大坂夏の陣）。享年四十七。

# 秀吉の側室になった織田信長の娘 三の丸殿（?〜一六〇三）

織田信長の六女・三の丸殿が、豊臣秀吉の側室にいつ頃なったかははっきりしない。ただ、信長の娘婿である蒲生氏郷《がもううじさと》の養女として嫁いでおり、氏郷は天正十年（一五八二）の本能寺の変の直後に父・賢秀《かたひで》から家督を継いでいるから、それ以降のことであろう。

蒲生氏は、もとは近江国の守護大名・六角氏に仕えていたが、賢秀の時代に六角氏が織田信長に滅ぼされると、織田氏に帰属し、続いて秀吉に臣従した。

氏郷は、賤ヶ岳の戦いや小牧・長久手の戦いで活躍し、伊勢国に領地を与えられ松坂《まつさか》城を築城。天正十八年（一五九〇）には小田原征伐の功績により、陸奥国会津《むつあいづ》に加増移封され、九十一万石の大大名となった。ちなみに、氏郷の妹（蒲生賢秀の娘）も秀吉の側室となっている（三条殿）。

三の丸殿の母親は、信長の嫡男・信忠の乳母《うば》、慈徳院《じとくいん》とされる。彼女は、信忠の乳母を務めた際、信長の目に留まって側室となったのであった。したがって、その血を引く三の丸殿の器量も、それ相応のものだったであろう。と言っても結婚時、三の丸殿はまだ十歳前後の少女であったようだ。

「三の丸殿」の名は、彼女が伏見城の三の丸に住んだことに由来する。当初の伏見城は、秀吉の隠居後の住まいとして、伏見の丘陵地において文禄元年（一五九二）から建築が始まり、二年後にはほぼ完成を見て秀吉が入城している（指月山《しげつやま》伏見城）。ところが、文禄五年（一五九六）、慶長伏見大地震により倒壊したため、すぐに近隣の木幡山《こはたやま》に再建された（木幡山伏見城）。

三の丸殿は、何といってもかつての主君・信長の娘。秀吉も当然彼女を特別扱いしたようで、慶長三年（一五九八）の醍醐の花見では、四番目の輿で登場している。その五ヶ月後、秀吉は伏見城で死去した。

秀吉の死の翌年、三の丸殿は、秀吉に関白職を譲ったことで有名な公卿・二条昭実《あきざね》と再婚した。二条家は、公家としては最高の家格である摂関家《せっかんけ》の一つ。摂関家には、近衛《このえ》家、九条家、二条家、一条家、鷹司《たかつかさ》家の五家があり（五摂家《ごせっけ》）、摂政《せっしょう》、関白、太政大臣《だじょうだいじん》に就くことができた。二条家の当主である昭実も、天正十三年（一五八五）に正親町《おおぎまち》天皇の関白となっている。関白は、天皇に代わって政治を行う、実質的に公家最高の官職であった。

ところが、昭実と左大臣・近衛信輔《のぶすけ》の間で、天下統一が間近い秀吉の官職をめぐって、争いが起こり（関白相論）、結果的に昭実が関白職を降り、代わって秀吉が、摂関家である近衛家の猶子《ゆうし》となって関白の座を継いだのである。

摂関家の公家たちは、秀吉の関白就任は事態収拾のための一時的な措置であり、いずれ時期が来れば、関白職は摂関家に戻されると考えていたようだが、秀吉はこの職を手放そうとはしなかった。それどころか、天正十四年（一五八六）には正親町天皇から豊臣の姓を賜り、太政大臣に就任。天正十九年（一五九一）には甥の豊臣秀次に関白職を譲り、自らは太閤《たいこう》と称して、関白職を豊臣氏の世襲とすることを内外に示したのだった。

ともあれ、三の丸殿が再嫁した時、昭実はすでに四十四歳であった。彼は、二十歳の時に信長の養女・さごの方を娶っているが、この頃には独身だったのだろう。秀次が切腹して以降、関白職は空位となっていたが、豊臣家としては、いずれ秀頼を関白職につけるためにも、公家との縁組は不可欠と考えたのかもしれない。

昭実にしてみれば、再び武家の娘（二度とも共に信長の縁者）を娶ったことになるが、三の丸殿にとって、初めて経験する上流公家での生活は、きっと気苦労も多かったに違いない。もともと彼女は蒲柳《ほりゅう》の質《しつ》だったようで、四年後の慶長八年（一六〇三）、徳川家康が江戸幕府を開く直前の二月八日に死去した。まだ二十代後半の若さだった。墓は京都の妙心寺にある。

なお、それから二年後、関白の職は再び五摂家による持ち回りとなり、二度と豊臣家に戻ることはなかった。

## 秀吉の目に留まった女戦士
## 甲斐姫（?～一五七二）

忍城主・成田氏長《うじなが》の長女、甲斐姫《かいひめ》が、豊臣秀吉の側室になったのは、天正十八年（一五九〇）、小田原征伐が終わってほどなくしてからのことであった。成田氏は鎌倉時代から武蔵国を拠点に栄えた一族で、一時山内上杉氏や上杉謙信に仕えたが、氏長の代になると北条氏に臣従した。

彼女の生母は上野《こうずけ》国の戦国大名・由良成繁《ゆらなりしげ》の娘で、外祖母は女傑・妙印尼《みょういんに》（由良成繁の正室）である。妙印尼は、由良氏の居城・金山《かなやま》城が北条氏に攻められた時、七十一歳の高齢にもかかわらず、大砲をぶっぱなし、北条軍を撃退したとされる。

成田氏も由良氏も、周囲を北条氏や上杉氏、古河公方足利氏など強大な勢力に囲まれていたため、状況に応じて付く相手を変えており、タイミングが合ったところで、両氏は政略的な縁組をしたのだろう。

ともあれ、甲斐姫は、「東国無双《とうごくむそう》の美人」と称される一方、祖母の血を受け継いでいたのか、武芸にも優れた女性であった。

秀吉は、自分が定めた上野国沼田の領地区分に北条氏が違反したため、天正十七年（一五八九）十一月、諸大名に北条討伐の命令を下した。北条側に付く成田氏の居城・忍城へは、翌年六月、石田三成率いる二万三千の豊臣軍が押し寄せた。

忍城側は、城主・氏長が小田原城詰めとなっていたため、従弟の成田長親《ながちか》が城代を務め、家臣・農民ら三千人が籠城していた。豊臣軍は、利根《とね》川と荒川の水を城下に引き込む水攻めの作戦を取ったが、折からの大雨で一部が決壊し、逆に豊臣方に二百七十人の犠牲者が出た。

その後、浅野長政らの援軍が来ると、豊臣軍は城内への攻撃を仕掛け、籠城軍との間で激しい戦闘が行われた。この時、甲斐姫は自ら鎧《よろい》を身にまとい、二百騎を率いて出陣、成田家に伝わる名刀「浪切《なみきり》」を操って、敵を翻弄《ほんろう》したといわれる。

しかし、七月六日に小田原城の北条氏直が秀吉に降伏すると、忍城も七月十四日に開城となった。成田一族は、蒲生氏郷の預かりとなり、甲斐姫も氏郷の移封先である会津に移ったが、そこでも、彼女は家臣の反乱を鎮圧する武勇を見せた。その噂を聞きつけた秀吉は、密かに使者を会津に送り、彼女に上京を命じたとされる。さすがの甲斐姫も、すでに天下人となった秀吉に逆らうことはできなかった。

秀吉は甲斐姫を側室とし、寵愛したようである。甲斐姫は、慶長三年（一五九八）の伏見醍醐の花見にも同行したらしく、その際、彼女が詠んだと思われる歌の短冊が発見されている。甲斐姫は秀吉の死後も大坂城に残り、秀頼が側室との間にもうけた一男（国松）一女（奈阿姫）の養育係を務めたともいわれる。

慶長二十年（一六一五）の大坂夏の陣で豊臣家が滅びると、国松は処刑され、奈阿姫は千姫の助命嘆願により鎌倉の東慶寺に預けられたが、二人の養育係であった甲斐姫のその後については分かっていない（奈阿姫と共に東慶寺《とうけいじ》に入ったという説もある）。

# 名門好きの秀吉を喜ばせた血筋

## 月桂院（一五六八〜一六五五）

小弓公方《こゆみくぼう》・足利頼純《よりずみ》の二女、嶋子《しまこ》が、豊臣秀吉の側室になったのは、天正十八年（一五九〇）九月のことである。この年、秀吉は小田原征伐で北条氏を屈服させると、その足で宇都宮城に入り奥州仕置《おうしゅうしおき》に臨んだ。天下統一の総仕上げであった。

小弓公方とは、古河《こが》公方・足利高基《たかもと》と対立していた弟の足利義明《よしあき》が分家したもので、義明と義明の二男・頼純の二代にわたって受け継がれた。名前の由来は、下総国《しもうさ》千葉郡小弓城を本拠としたことによる。北条氏と戦った天文七年（一五三八）の国府台《こうのだい》合戦で、義明は戦死するが、頼純は安房国《あわ》（千葉県南部）の戦国大名・安房里見氏の保護を受けて落ち延びた。

嶋子は、下総国もしくは上総国《かずさ》で生まれ育ったと思われる。天正十六年（一五八八）、彼女は二十一歳で、下野国《しもつけ》喜連川《きつれがわ》城主・塩谷惟久《しおのやこれひさ》の正室となる。喜連川塩谷氏は源義家《みなもとのよしいえ》の血を引く名門であったが、惟久は、秀吉が宇都宮に入ったことを知ると、妻を置いて逃げ出してしまった。

一方で彼女の父・頼純は、小田原征伐によって北条軍が下総から退去する機に乗じ、安房里見氏八代当主・里見義康《よしやす》と共に小弓城の奪還に成功していた。嶋子は、宇都宮城で秀吉と面会し、夫のことはさておき、実家・小弓公方の復興を嘆願したという。そして、自分を置き去りにした夫への失望もあったのか、五十四歳の秀吉の側室になることを承服したのである。この時、嶋子は二十三歳であった。

秀吉にとって嶋子の出自はかけがえのないものであった。没落したとはいえ、足利氏の血を引き、古河公方家の分流である小弓公方の姫である。名家出身の多い秀吉の側室の中でも最高級の家柄であった。自ずと他の側室とは扱いが異なったのではないか。

翌年、秀吉は嶋子の希望を聞き入れ、嶋子の弟・足利国朝《くにとも》と古河公方・足利義氏《よしうじ》の遺児である氏姫《うじひめ》を結婚させ、国朝を下野国の喜連川城主に就かせている。本当のところ、秀吉は、高貴な嶋子との間に子供が欲しかったに違いない。しかし、それはついぞ果たされることはなかった。

慶長三年（一五九八）、秀吉が死去すると、嶋子は京都東寺で出家し、月桂院《げっけいいん》と号した。関ヶ原の合戦後、徳川家康に召し出され、家康の三女・振姫《ふりひめ》に随行して会津に下った。その後、江戸に移り市ヶ谷の平安寺を再興して月桂寺《げっけいじ》と改名、同寺に百石を寄付している。明暦《めいれき》元年（一六五五）六月十七日死去。八十八歳の長寿だった。

# 朝鮮の役の際、秀吉の側室となった肥前の姫
# 広沢局（一五七三～一六三六）

肥前国《ひぜんのくに》垣添《かきぞえ》城主・名護屋経勝《なごやつねかつ》の娘、広子《ひろこ》が、豊臣秀吉の側室となったのは、文禄《ぶんろく》元年（一五九二）のことである。小田原征伐を終え全国統一を果たした秀吉は、この年の四月、大国・明《みん》の征服をもくろみ、十五万の兵を朝鮮へ送った（文禄の役）。

自らは出兵の前線基地として肥前国に築いた名護屋城で指揮を執ったが、その際、協力してくれた地元の武将の娘を見初め、側室にしてしまったのだろう。この時広子二十歳、秀吉はすでに五十六歳だった。

秀吉は、小田原征伐の時と同様、名護屋城へも側室の淀殿と松の丸殿を同伴している。淀殿との間にできた嫡男・鶴松が、その直前にわずか三歳で亡くなっているが、名護屋城で淀殿は次の子（秀頼）を懐妊した。そうした状況にありながら、さらに側室をつくるとは、秀吉もいい気なものである。もっとも、明との戦いが長引くことを見込んで、肥前国での血縁を広げておこうという考えだったのかもしれないが。

広子は、名護屋城の山里丸に住まわされ、眼病が完治した際、そこに仏像を祀った。そのことがきっかけで、秀吉は山里丸の一角に広沢寺という寺院を建立した。広子が

「広沢局《ひろさわのつぼね》」と称されるようになったのは、そのためである。

ところで、当初快進撃を続け、あっという間に首都・漢城（現ソウル）を占拠した日本軍も、李舜臣《りしゅんしん》率いる朝鮮軍の反撃などに遭って、戦局は停滞するようになる。

文禄二年（一五九三）八月、淀殿が大坂城で秀頼を産むと、秀吉は喜び勇んで、広沢局を残したまま大坂に帰った。朝鮮では一旦休戦をはさんで、慶長二年（一五九七）二月から、再び戦（慶長の役）が始まるが、秀吉は二度と名護屋城の彼女の元を訪れることはなかった。

それは彼女にとって幸いだったであろう。慶長の役では、戦勝の証として女子供を含め、殺害した朝鮮人の鼻や耳が塩漬けにされて、秀吉の元に届けられた。秀吉は肉体的にも精神的にも末期症状を示していたのである。

厭戦ムードが漂う中、慶長三年（一五九八）八月に秀吉が死ぬと、朝鮮の役は続行困難となり終結。広沢殿は名護屋城を出て二十六歳の身で出家し、妙広禅尼《みょうこうぜんに》と称した。名護屋城はほどなく廃城となり、建物の一部は関ヶ原合戦後、肥前国内に築かれた唐津《からつ》城に移築されたと伝わる。

寛永十三年（一六三六）四月二十四日、広沢局死去。六十四歳だった。

# 秀吉から伊達政宗に下賜された美貌の側室
# 香の前（一五七七〜一六四一）

高田次郎右衛門の長女・種《たね》が、いつ豊臣秀吉の側室になったのかは、はっきりしないが、おそらく文禄年間（一五九三〜一五九六）のことであったろう。いずれにしろ、種は二十歳前、秀吉は五十代後半であった。

種の父・次郎右衛門は、どういう人物かよく分からないのだが、伏見で浪人生活を送っていたようだから、伏見城の築城の際、伏見を訪れた秀吉の目に種が留まったのではないか。もちろん名家の娘ではないから、よほど容姿が優れていたに違いない。秀吉が名付けた「香《こう》の前《まえ》」という名前からも、匂うような美女が連想されよう。

一時は秀吉の寵愛を一身に受けた香の前であったが、「美女は飽きる」の類であろうか、思わぬ運命が彼女を待ち受けていた。秀吉は、陸奥《むつ》国の戦国大名・伊達政宗《だてまさむね》に香の前を下賜してしまうのだ。政宗は、長く北条氏と同盟し、秀吉に服属した時期が遅く、文禄四年（一五九五）の豊臣秀次事件では、従妹の駒姫《こまひめ》が秀次の側室になっていたこともあって、謀反を疑われている。そんな不安定な立場にあった政宗を繋ぎ止めておくため、秀吉は敢えて飛び切り別嬪の香の前を彼に与えたのかもしれない。政宗はまだ、三十になるかならない青年武将であった。

香の前は、秀吉が死去した慶長三年（一五九八）に女子（津多）を、二年後には男子（又治郎）を産んだ。ところが慶長七年（一六〇二）、今度は政宗が、五十四歳の重臣・茂庭綱元《もにわつなもと》にあっさりと香の前を下賜してしまったのである。この時、香の前はまだ二十六歳であった。

政宗は関ヶ原の合戦では東軍に付き、家康の許可を得て、上杉領となっていた旧領回復のため東北で戦った。戦後は六十二万石の所領を得、仙台城を築いてそこを本拠とした。綱元はその間、伊達家の評定役《ひょうじょうやく》として家臣らの取りまとめに尽力しており、香の前の下賜は、その功績に報いる恩賞であったようだ。

しかし、香の前にしてみれば、二度も夫から他の男へモノのように与えられるのは、女として耐えがたいことであったろう。彼女は綱元の側室となり、政宗との間に生まれた二子も綱元の元で育てられることになった（彼らは仙台城下の綱元の屋敷で暮らしたと考えられている）。

波乱万丈の半生がそうさせたのか、香の前はやがて浄土宗の熱心な信徒となる。慶長十七年（一六一二）、城下に円鏡寺を開基したほか、青雲地蔵堂や阿弥陀堂を建立し、翌年には大崎《おおさき》八幡宮に金灯篭を奉納している。

彼女と政宗の子・又治郎は、その後、陸奥国の武将・亘理重宗《わたりしげむね》の婿養子となり、亘理宗根《むねもと》と名乗った。元和四年（一六一八）、高清水《たかしみず》城主になっていた宗根は、香の前を同城に迎え入れ、彼女はそこで余生を送った。三番目の夫・綱元が死んで半年後の寛永十七年（一六四〇）十二月二日に死去。六十四歳だった。

美貌の彼女が男から男へとやり取りされたのは、彼女の出自が低い身分だったからかもしれない。しかし、晩年は城主の母として、城の中で穏やかな暮らしを満喫できたわけで、結果オーライだったといえなくもない。

## 豊臣秀次と子連れで再婚した公家の未亡人 一の台（一五六二～一五九五）

公卿《くぎょう》・菊亭晴季《きくていはるすえ》の娘、一の台は、はじめ公家の三条顕実《さねあき》に嫁ぎ、一女（お宮）をもうけるが、顕実の死去により未亡人となり、その後、関白・豊臣秀次（一五六八～一五九五）に子連れで再稼した。

秀次は豊臣秀吉の甥（秀吉の姉・日秀《にっしゅう》の息子）で、秀吉の嫡男・鶴松が三歳で夭折したあと、もはや跡取りをもうけるのは難しいと考えた秀吉から、関白職を譲り受けた。天正十九年（一八九一）十二月二十八日のことで、関白を辞した秀吉は、自らを「太閤」と称した。

一の台が秀次の継室となったのは、それ以降のことであろう。彼女は秀次より六歳年上であった。菊亭家は清華家《せいがけ》の家格を持つ公家で、第十二代当主・晴季は、天正十三年（一五八五）に秀吉が関白職を得る際、右大臣として朝廷との調整役を果たした実力者であった。また晴季は、武田信虎の娘を妻とし、娘（養女）の一人を真田昌幸（幸村の父）に嫁がせたともいわれる。

一方、秀吉の後継者として関白職を譲られた秀次は、正室であった池田恒興《つねおき》の娘・若御前《わかごぜん》に先立たれており、晴季の調整力に期待する豊臣家と秀吉の威を借りたい菊亭家の利害は一致、両者が婚姻関係を結ぶのはごく自然なことであった。

しかし、秀次に輿入れ後、一の台は予想もしなかった悲劇に見舞われる。文禄四年（一五九五）七月、二十八歳の夫・秀次が、秀吉から謀反の疑いを掛けられ、高野山で切腹させられたのだ。いわゆる「豊臣秀次事件」である。事件の原因は、秀吉の実子・秀頼が誕生したことで、俄然秀頼を跡取りにしたくなった秀吉が、すでに後継者と決めていた秀次を排除しようとしたからだといわれる。

だが、事態は秀頼の切腹だけでは収まらなかった。秀次の妻子、侍女三十数名までが処刑の対象となったのである。同年八月二日、彼らの処刑は、市中引き回しのあと三条河原で行われた。

晒された秀次の首の前で、見るからに恐ろし気な死刑執行人によって、まず秀次の四人の子供が刺殺された。続いてが妻妾たちの番であった。正室（継室）であった一の台は、最初に首を刎ねられた。そのあと次々に妻妾たちの処刑が行われ、一の台の連れ子であるお宮も死を免れなかった。

なぜ、秀吉はここまで残虐な所行に及んだのか。一説によると、初め秀吉が美貌の一の台を側室にしようとしたが、彼女に拒否されたため、彼は秀次や一の台を逆恨みしたのだという。

また別の説では、好色な秀次が美少女だったお宮にも手を出し、母娘ともども関係を持つという畜生のようなふるまいに秀吉が激怒したため、とする。後者については、妻妾らの遺骸が埋められた塚が、当初畜生塚とか悪逆塚と呼ばれたことが根拠の一つらしい。

一の台の辞世は「ながらえてありつるほどの浮世とぞ　思へばなかる言葉もなし」。享年三十四。娘のお宮は十代半ばだったろう。

## 豊臣秀次に見初められた悲劇の美少女

# 駒姫（一五八一〜一五九五）

出羽《でわ》国の戦国大名・最上義光《もがみよしあき》の二女、駒姫《こまひめ》が関白・豊臣秀次の側室となったのは、文禄四年（一五九五）のことである。正確には側室となるはずであった、というべきかもしれない。というのは、秀次に嫁ぐべく山形を発った駒姫は、まずは京の最上屋敷に入って疲れを癒すが、その間に秀次が、秀吉の命により高野山で切腹させられてしまったからである。

義光の妹・義姫《よしひめ》は伊達政宗の母であり、したがって駒姫は、政宗の従妹に当たる。幼い頃から「東北一の美少女」と評判になるほどの美貌で、その噂を耳にした秀次が、是非側室として差し出すよう義光に迫ったとされる（一説では秀次が山形城に立ち寄った時、彼女を見初めたともいわれる）。

天正十八年（一五九〇）の小田原征伐以降、秀吉に臣従していた義光は、秀吉の後継者である秀次の再三の要求を断り切れず、ついに十五歳の愛娘を嫁がせる決心をしたのだった。

さて、婚約者が死んだのだから、これで山形へ帰れる、と駒姫は安堵したかもしれない。

ところが、何とも残酷な運命が彼女を待ち受けていた。秀次の切腹に連座して彼の多くの妻妾が処刑されることになり、なんとそのリスト中に駒姫の名も入っていたのである。

これには義光も承服できず、各方面に娘の助命嘆願を働きかけた。秀頼を産み、いわば秀次事件の原因を作った淀殿も、その嘆願には賛同したという。義光の必死の努力が功を奏し、さすがの秀吉も駒姫の死刑を撤回、「鎌倉で尼にするように」という命を出したが、わずかに遅かった。

八月二日の処刑日、その命を知らせる早馬が三条河原へ向かったが、到着した時には、駒姫はすでに首を刎ねられた後であった。彼女の処刑は十一番目に行われ、早馬はあと一町（百メートル余り）の所まで来ていたという。辞世は「罪をきる弥陀の剣にかかる身のなにか五つの障りあるべき」。

駒姫の死の十四日後、彼女の生母・大崎《おおさき》夫人は、悲しみの余り自ら命を絶ったとされる。ところで、秀次事件の処理で手際よさを示し、所領を増やしたのが石田三成であった。五年後の関ヶ原の合戦で、義光が東軍に付いたのは、秀次事件への憤りが影響しているともいわれるが、十分有り得る話であろう。

# 豊臣秀頼に嫁いだ徳川秀忠の娘

## 千姫（一五九七〜一六六六）

徳川秀忠の長女・千姫《せんひめ》が、豊臣秀頼（一五九三〜一六一五）に嫁いだのは、慶長八年（一六〇三）七月二十八日のことである。秀頼十一歳、千姫はまだ七歳であった。千姫の母・江《ごう》は秀頼の母・淀殿の妹であり、二人は従兄妹同士であった。千姫は伏見の徳川屋敷で生まれたが、その後両親と共に江戸城へ移っていた。

慶長五年（一六〇〇）の関ヶ原の合戦で勝利した徳川家康は、この年、征夷大将軍に任じられ、江戸幕府を開いた。徳川の世が訪れたのである。秀吉の側室・淀殿は、息子・秀頼が秀吉の後を継いで天下人になることだけを願い、女の身で豊臣家を取り仕切ってきただけに、憤懣やるかたない思いであったろう。家康は彼女の怒りを鎮めるためにこの縁談を進めたともいわれる。

世継ぎこそ生まれなかったが、秀頼と千姫の夫婦仲はよく、千姫が十六歳の時、秀頼が儀式として彼女の黒髪を梳《す》いているところを、侍女が目撃している。そんな二人の微笑ましい様子は、淀殿を安心させたかもしれない。

しかし、この婚姻によっても豊臣家の存続は果たせなかった。徳川家の世襲制を確固たるものとすべく、家康は豊臣家の追い落としを図る。慶長十九年（一六一四）十二月、徳川軍は大坂城を攻撃（大坂冬の陣）。一旦は講和したあと、翌年五月再び攻撃を仕掛けた。激戦の末大坂城は落城し、淀殿と秀頼は自害、ここに豊臣氏は滅んだのである（大坂夏の陣）。

千姫

落城の前夜、十九歳の千姫は、豊臣の家臣・大野治長《はるなが》の計らいで城を脱出し、祖父・家康の元へ送られて秀頼や淀殿の助命嘆願を行ったが、家康は聞く耳を持たなかった。父・秀忠は、「秀頼と共に果つべきだ」と言って対面しなかったという。

戦後、秀頼と側室との間にできた女子・奈阿《なあ》姫《ひめ》が処刑されそうになった時にも、千姫は必死に助命嘆願を行い、その際は自らの養女とすることで奈阿姫の命を助けた。

一旦江戸に戻った千姫は、元和二年（一六一六）、桑名《くわな》藩主・本多忠政《ただまさ》の嫡男・本多忠刻《ただとき》と再婚する（ちなみに忠刻の母・熊姫《くまひめ》は、徳川家康の嫡男・松平信康と織田信長の長女・徳姫の間に生まれている）。忠刻は美男子の誉れ高く、千姫が関東へ下向する際、桑名の渡し場で凛々しい忠刻の姿に接して、千姫のほうが一目ぼれしたという説もあるぐらいである。

千姫は忠刻とも相性がよく、一男一女をもうけたが、幸せな時は長くは続かなかった。嫡男・幸千代《ゆきちよ》は早世し、夫（忠刻）、姑（熊姫）、実母（江）が次々と亡くなる不幸にも見舞われ、世間は亡き秀頼公の祟りではないかと噂し合ったという。

その後千姫は、長女・勝姫《かつひめ》とともに本多家を出て江戸城に戻り出家した。寛文《かんぶん》六年（一六六六）二月六日死去。七十歳だった。

歴史物語

# 井伊直虎

～誰にも嫁がなかった女領主～

井伊氏は、藤原北家の後裔とされ、十一世紀初頭、藤原共保《ともやす》が井伊氏を名乗り、遠江《とおとうみ》国井伊谷《いいのや》（静岡県浜松市）を本拠としたのが始まりとされる。南北朝時代、井伊道政《みちまさ》が南朝方に与して挙兵、後醍醐《ごだいご》天皇の皇子・宗良《むねよし》親王を井伊谷に招き、保護した。しかし、北朝方の高師泰《こうのもろやす》、仁木義長《にっきよしなが》らに井伊谷を攻められ敗れた。

十五世紀末、北朝方の今川氏が遠江の守護になると、その支配下に置かれ、今川氏との確執が続いた。天文十三年（一五四四）、当主直盛《なおもり》の叔父である直満《なおみつ》と直義《なおよし》が、井伊家の家老・小野政直《まさなお》の今川氏への讒言《ざんげん》により自害する。

今川氏と織田氏が戦った、永禄三年（一五六〇）の桶狭間の戦いでは、今川軍に属していた直盛が戦死。その後を継いだ直満の子・直親《なおちか》も今川方に殺害され、再び当主となった直盛の祖父・直平《なおひら》も陣没。永禄八年（一五六五）、直盛の娘が、井伊直虎《なおとら》として当主の座に就き、かつて許嫁であった直親の子・直政《なおまさ》を養育する。

今川氏滅亡後の天正十三年（一五七五）、直政は徳川家康に仕官し、その後家康に重用され、井伊氏は幕末まで譜代《ふだい》大名筆頭の彦根藩主として繁栄した。

# 井伊氏系図

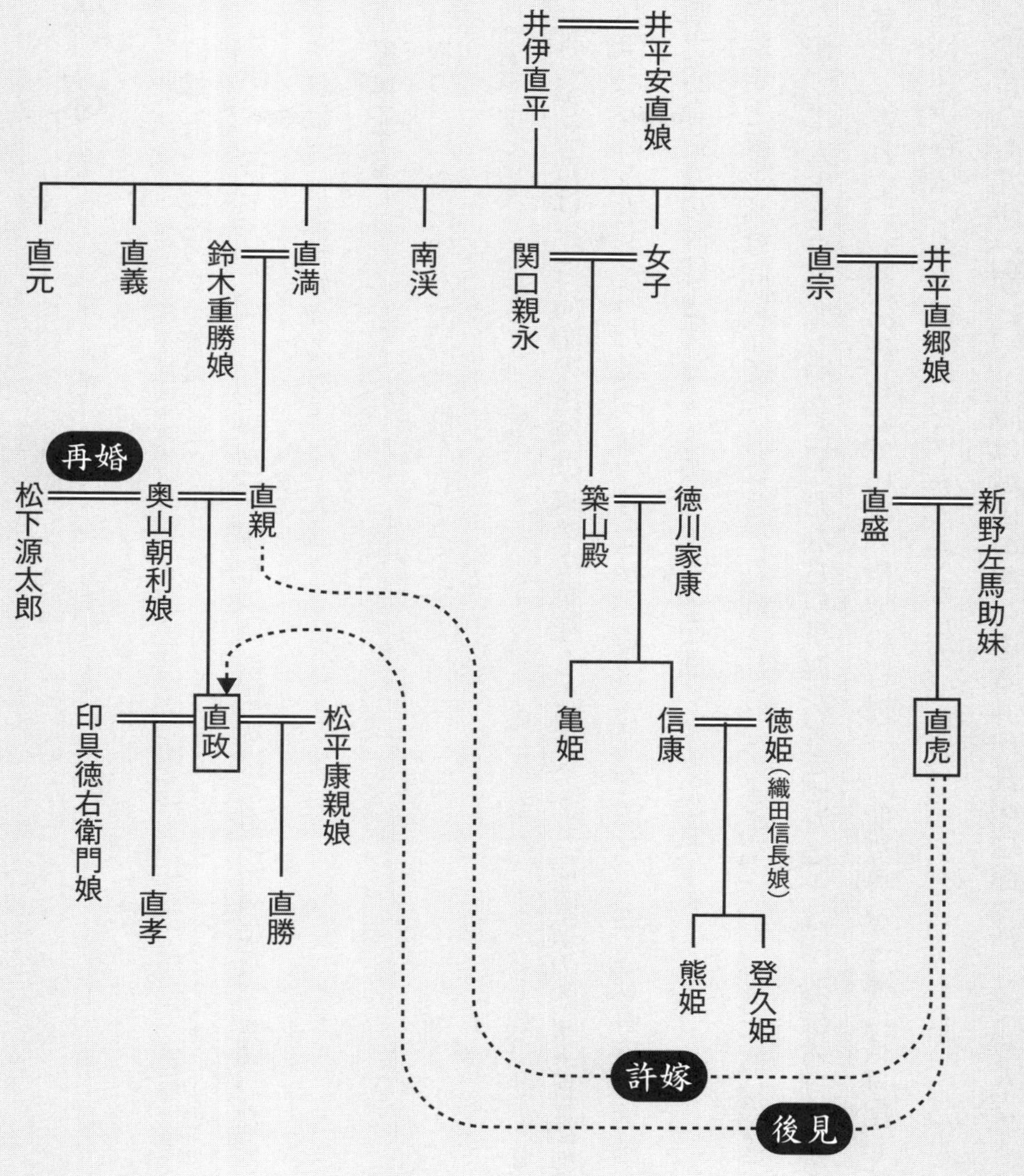

井伊直平
井平安直娘
直元
直義
鈴木重勝娘
直満
南渓
関口親永
女子
直宗
井平直郷娘
再婚
松下源太郎
奥山朝利娘
直親
築山殿
徳川家康
直盛
新野左馬助妹
印具徳右衛門娘
直政
松平康親娘
亀姫
信康
徳姫（織田信長娘）
直虎
直孝
直勝
熊姫
登久姫
許嫁
後見

# 許嫁

「許嫁《いいなずけ》って、どういう意味？」

井伊谷《いいのや》を見下ろす城山の見晴台。瑞希《みずき》は隣に腰かける亀之丞《かめのじょう》にそっと聞いた。

「それは、将来結婚するってことだよ」

「結婚って？」

「その、一緒に住んで、子供を育てて……」

「そう」

さつき瑞希は、三河国の田原《たはら》城攻めで戦死した祖父・井伊直宗《いいなおむね》の四十九日法要の席上、井伊家の新当主となった父・井伊直盛《なおもり》が、家臣たちを前に、こたび直盛の従弟《いとこ》に当たる亀之丞を彼女の許嫁とする、と公言するのを聞いたのだった。

瑞希と亀之丞は同い年で、共にまだ八歳ということもあって、二人に直接説明はなかったが、二人とも自分たちの身にただならぬ事態が起こったことは、おぼろげながら理解できた。それで、法要の行われていた井伊家の菩提寺・龍潭寺《りゅうたんじ》を一緒に抜け出して、山頂部に井伊谷城《いいのやじょう》のある城山に駆け上がって来たのである。

瑞希たち井伊一族は、平時は城山の麓にある井伊氏の居館に住んでいたが、一朝有事《いっちょうゆうじ》の際には井伊谷城に上がり、戦時体制を取った。子供たちにとって、普段住むことのできない井伊谷城は憧れの場所であり、時々大人たちの目を盗んでは城山へ探検に出かけるのだった。

この時、二人の足が自然と城山に向かったのは、彼らが直盛の話を聞いて、探検をする時のような高揚した気分に捉われたからかもしれない。

「いやか?」

「いやじゃないけど」

瑞希にとって亀之丞は、物心ついたころから、親戚の子として一緒に遊んできた間柄である。瑞希には、結婚というものがいかなるものかよく分からなかったが、その相手として、少し気は弱いが心優しい亀之丞が、他の誰よりも相応《ふさわ》しいように思えた。

井伊家の当主・直盛には、瑞希以外に子供はいなかった。もう男子は望めないと判断した直盛は、父・直宗の死を期に、瑞希に婿養子を取ることとし、叔父・井伊直満の長男・亀之丞をその候補に定めたのだった。

直盛と亀之丞は従兄弟同士であったが、二人の歳が親子ほど違うのは、亀之丞の父・直満が、先々代当主・井伊直平と若い側室の間に遅くにできた子であったからだ。ちなみに直平は、直盛と亀之丞にとっては祖父、瑞希にとっては曽祖父に当たり、いまだ健在であった。

瑞希の母が、瑞希を懐妊した時、直盛をはじめ親戚一同、腹の子が男子であることを信じて疑わなかったらしい。それだけ、本家の嫡男誕生が待ち望まれていたのである。女児が生まれても回りは諦めきれず、瑞希は生まれてしばらくは男子のようにして育てられた。身なりはもとより、学問や武芸、乗馬なども井伊家の「嫡男」として仕込まれたのである。

瑞希の大叔父に当たる龍潭寺住職の南渓和尚《なんけいおしょう》が、瑞希のことをいまだに「次郎、次郎」と呼ぶのはその名残であった。「次郎」は井伊氏の嫡男が踏襲する幼名であり、彼女は名前まで男子扱いだったのだ。だから、瑞希は性格が男勝《おとこまさ》りのうえ運動も得意で、剣術では亀之丞を何度も負かしたことがあった。

「でも、二人で井伊家を背負っていかないといけないらしい」

亀之丞は幼い眉を顰《ひそ》めて言った。

「うん、たいへんかもしれないね……」

瑞希もそう相槌《あいづち》を打った。

井伊家は、平安の昔から五百年にわたって遠江《とおとうみ》国井伊谷を領し、南北朝時代には、後《ご》醍醐《だいご》天皇の皇子・宗良《むねよし》親王を井伊谷に招いて保護したともいわれる名門である。しかし、北朝方の駿河《するが》守護・今川氏が遠江に侵攻して同国の守護職を得ると、井伊氏は心ならずもその支配下に置かれた。

瑞希と亀之丞が婚約した頃、今川氏は十一代当主・今川義元《よしもと》の時代で、正に全盛期を迎えようとしていた。今川氏にとって、気位が高く忠義に乏しい井伊家は何かと扱いにくく、できれば取りつぶしてしまいたい存在であり、井伊氏の目付家老・小野家を使って、何かと締め付けを厳しくしてくるのだった。直宗が戦死したのも、今川氏の三河侵攻に従軍させられ、しかも最前線に送られた結果であった。

瑞希も亀之丞も、そうした井伊家の抱える問題を大人たちの会話の中に、聞くとはなしに聞いていたから、井伊家を背負うことの大変さを何となく察していた。

「でも、瑞希と一緒ならやっていけそうな気がする」

亀之丞は、気を取り直したように瑞希を見た。瑞希は亀之丞の言葉が嬉しかった。

「そうね、頑張らなきゃね」

彼女は心を込めた笑顔で亀之丞を見返した。

二人の眼下には、夕陽を浴びて紫色に染まる井伊谷の集落が広がっている。天文十一年（一五四二）の晩春のことであった。

# 亀之丞逃亡

亀之丞と婚約してから、瑞希は幼いながらも彼を異性として意識するようになった。それにつれて、男子のようだった性格も、徐々に女の子らしくなっていった。そして、二年もすると、自分は井伊家当主の娘として亀之丞を婿に取り、次期当主の夫を支えながら井伊家を盛り立てていかねばならない、という自覚を持つようになっていた。

そんなある日、亀之丞の父・井伊直満と叔父・井伊直義が、今川氏への謀反を企てたと疑われる事件が起こった。二人は、太守・今川義元に事の釈明を求められ、駿府《すんぷ》への出向を命じられたのである。井伊家中には、小野家当主・小野政直《まさなお》の讒言《ざんげん》に違いないとの噂が流れた。

小野家は、瑞希の曽祖父・井伊直平《なおひら》が、今川氏の命で家老に加えた一族で、今川氏との諸事取り次ぎを役目としていた。しかし、今や取次役というより、今川氏側に立つ、井伊家の監視役と思われるような言動が目立ち始めていた。その裏には、井伊谷領主の座を井伊家から奪い取ろうとする政直の思惑が潜んでいる、と考える井伊家関係者は少なくなかった。

瑞希は、亀之丞と共に井伊谷《いいのや》城の城門で二人の大叔父を見送った。

「父上、無事にお帰りくださいますよう」

亀之丞は馬上の義満に声を掛けた。

「なに心配することはない。わしらは謀反など考えたこともない。すぐに疑いは晴れよう」そう答える直満の表情に曇りはないように見えた。

ところが、それから数日後、瑞希は屋敷内で父・直盛が母に向かって叫ぶ声を聞いた。

「大変なことになった。直満殿と直義殿が駿府で自害された……」

瑞希はすぐに父の前へ進み出た。

「何で？　大叔父様たちに罪はなかったのではないのですか」

直盛は、両方の拳を握りしめながら、無念極まりない表情で声を縛りだした。

「すべては政直の謀略じゃ。我々ははめられたんじゃ」

「そ、そんな……」

唖然とする瑞希に、直盛はさらに緊迫したことを口にした。

「それより、亀之丞の命が狙われている。今、直満邸へ人をやって、すぐに亀之丞を逃がすよう、伝えたところじゃ。逃げおおせてくれるといいのだが」

直盛によると、政直は井伊家の次期当主に決まった亀之丞を亡き者にし、井伊家を混乱・

弱体化させるため、今度の謀反騒ぎをでっち上げたというのだ。

その時である。門の辺りで馬のいななく声が聞こえた。数人の武士が屋敷内に入ってくる。先頭に立つのは小野和泉守《いずみのかみ》政直であった。

直盛は敢えてゆっくりした動作で玄関へ出、政直に対面すると、彼が口を開く前にわざとらしく問いかけた。

「政直、どうして直満、直義御両人は自害せねばならなかったのじゃ」

「誠に遺憾《いかん》ながら、お二人は太守殿の前で狼藉《ろうぜき》を働かれ、切腹を命じられた次第」

政直は、まったく悪びれずに答えた。瑞希はこの男が以前から嫌いだった。いや、嫌いというよりも恐ろしかった。いつも、見るからに血も涙もないような冷たい顔つきで、表情一つ変えないのである。互いが大きく離れた小さい両の目と大きな口は、いつか井伊谷川の岸で見た巨大なナマズをいつも瑞希に思い出させた。

「そんなことはとても信じられん。どうせ何処かの誰かが、あることないこと太守殿にふきこんだのであろう」直盛は皮肉を込めて言い返した。

「決してそのようなことは。それより直盛殿、太守殿は亀之丞殿をすぐに人質として差し出すよう、求めておられます。で、亀之丞殿をお引き渡しいただきたく、参上いたした次第」

「いやここにはおらぬ。直満殿の屋敷ではないのか？」

「そこはもぬけの殻でございました」

その言葉に直盛は大いにほっとしたに違いないが、表情には微塵《みじん》も出さなかった。

「はてさて、それは解《げ》せぬこと」

「本当ですな。隠し立てはためになりませんぞ」

政直は疑い深げに直盛を睨《にら》んだ。

「うむ、ひょっとしたら、城山へ登っておるかもしれぬ」

「城山へ？」

「さよう、子供はよく登りたがるでな」

政直は、直盛の言葉に納得する気配はなかったが、「行くぞ」と号令を掛けると、家来らを連れて立ち去った。

政直らが去るやいなや、瑞希は屋敷を飛び出し、足切観音堂近くの直満邸へと全力で走った。何か亀之丞の痕跡が残っているのではないかと思ったのである。直満邸にたどり着いた時、屋敷の中から出てくる二つの影があった。亀之丞と、今村藤七郎《とうしちろう》という若い直満の家臣であった。

「亀之丞よく無事で」

「うん、厠《かわや》の床下の秘密部屋に隠れていたんだ」

亀之丞は自分の服の袖を瑞希の鼻先に持ってきて、

「匂うか？」と聞いた。

「臭い！」

瑞希は余りの臭さに、条件反射的に叫んだ。

掛け軸の裏に秘密部屋をもうける話はよく聞くが、厠の床の下など聞いたことがない。

瑞希がそう訴えると、亀之丞は、

「これは父上の発案で、お蔭で命拾いをした……亡き父上が助けてくださったのだ」

と言って涙ぐんだが、依然臭《くさ》い臭《にお》いが辺りに立ち込めている。

「これからどこへ」

瑞希は鼻をつまみながら尋ねた。

「井伊谷にいるのは危険だから、しばらく信濃《しなの》辺りに身を隠すようにって、南渓和尚が」

「……帰ってくるよね」

瑞希は今まで描いていた将来設計が、がらがらと音を当てて崩れるような気がした。

「もちろん、きっと戻ってくるよ。瑞希と二人で井伊家を盛り立てないといけないものな」

そう優しく言う亀之丞を見て、やはり自分の将来の夫は彼をおいてほかにないと、瑞希は改めて強く思った。

「若様、さあこの中へ」

藤七郎は、叺《かます》という、穀物を入れる大きな藁《わら》の袋を示して言った。彼は亀之丞をそれに入れて、井伊谷を脱出するつもりのようだった。

「きつとだよ」

藤七郎の指示に従おうとする亀之条に、瑞希は左手で鼻をつまみながら、右手の小指を差し出した。

「うん」と亀之丞が応じ、二人は固く指切りをした。

天文十三年（一五四四）も年の瀬のことであった。

## 瀬名

亀之丞が井伊谷から姿を消して五年。彼の消息はまったく分からなかった。あるいは南渓和尚には伝えられていたのかもしれないが、瑞希の耳には入ってこなかった。瑞希は十五歳となり、もはや結婚適齢期である。

幸いその後、今川氏が井伊家に攻撃をしかけてくるようなことはなかった。だが、目付家老の小野政直が、井伊家当主の娘である瑞希の結婚相手に、今川氏の息のかかった人物を盛んに勧めてくるようになった。むろん、瑞希も直盛もそんな話には耳を貸さなかったが。

ある日、駿府から関口親永《ちかなが》の娘・瀬名《せな》が母と共に井伊谷を訪ねて来た。瀬名の母親は井伊直平の娘で、半ば人質として今川義元に仕えるようになっていたが、その後、義元の養妹という名目で、今川一門の関口家に嫁いだのであった。

だから、瑞希と瀬名は血の繋がりがあった。整った顔立ちも少し気の強い性格も共通していて、瑞希はこの七つ違いの少女が好きだった。瀬名は瀬名で瑞希によくなついていたが、それには理由があった。二年前のことである。その時も瀬名は、母親と共に井伊谷に里帰り中で、瑞希は龍潭寺近くにある井伊家ゆかりの古井戸に彼女を案内した。

もともと井伊谷は湧水が豊富で、いくつもの井戸があり、井伊谷という地名もそれに因《ちな》んだものであった。ところで、井伊家ゆかりの古井戸とは――寛弘《かんこう》七年（一〇一〇）元旦、八幡宮の御手洗の井戸に男の赤ん坊が捨てられていた。その赤ん坊は、赤ん坊ながら何処か気品のある雰囲気を漂わせていたため、同宮の神主が家に抱いて帰り、産湯《うぶゆ》を使わせ、粥《かゆ》を与えて育てた。

赤ん坊は七歳になった頃、遠江の国司・藤原共資《ともすけ》の目に留まって彼の養子となり、その後、共保《ともやす》と称して共資の娘と結婚、家督を継ぐと井伊谷に居館を建て井伊氏を名乗った——これが、井伊氏初代・井伊共保に纏《まつ》わる言い伝えであり、共保が赤ん坊の時捨てられていたという古井戸に、瑞希は瀬名を連れて行ったのであった（ちなみに、共保が拾われた時、井戸のほとりに橘《たちばな》の花が咲いていたことから、井伊家の家紋は橘紋になったといわれる）。

瀬名は瑞希の説明を聞いて、古井戸を覗き込みすぎ、誤ってその中に落ちてしまった。瑞希は咄嗟《とっさ》につるべの綱を引っ張り、彼女を助け出したが、以来、瀬名は瑞希を「命の恩人のお姉ちゃん」と言って、慕うようになったのである。

今回も、瑞希は瀬名と連れだって古井戸の辺りに散策に出た。古井戸の周囲は広々とした田園で、色様々な草花が咲き乱れていた。

「瑞希ねえちゃん、ほら」

「まあ、きれいね」

瀬名は赤紫色の花を摘んでは瑞希に見せた。とその時、声を掛ける者がある。

「瑞希様」

振り返ると、小野政次《まさつぐ》が立っていた。小野家当主・政直の長男で、瑞希よりは三つ四つ年上である。礼儀は正しいが、なかなかの切れ者という評判で、早くも父同様、井伊家の「監視役」としての務めを果たし始めていた。ただ、父と違って（トンビが、いやナマズがタカを産んだとしか思えないような）明眸皓歯《めいぼうこうし》の美丈夫であった。

最近、政次は瑞希と歳が近いせいか、何かと声をかけてくることが多くなっていた。瑞希が無視して、再び瀬名と花を摘み始めると、政次はカマをかけるような質問をした。

「その後、亀之丞殿の消息は分かりましたか？」

「いいえ、仮に分かっていても、そなたには教えませんが」

瑞希は意地悪い答え方をした。

「それはまた」

「もとはと言えば、あなたのお父上の讒言のせいでしょう」

「讒言？」

「そう、小野一族は、井伊家を滅ぼして井伊谷の領地を乗っ取ろうとしているって、井伊家の者はみんなそう言ってるわ」

「いや、直満・直義殿に関しては、武力蜂起の動きが確かにございました。証拠もそろっております」

「それは、井伊領の北辺を脅かす武田氏への備えのためだって、父上が……」

「そうであっても、今や今川と同盟関係にある武田氏に太守様の許しもなく、攻撃を加えるのは忠義に悖《もと》る行為」

政次が言うようにこの頃、甲斐《かい》の武田氏、駿河の今川氏、相模《さがみ》の北条氏は、互いに婚姻関係を結ぶことで、甲相駿《こうそうすん》三国同盟を結んでいた（ちなみに、今川義元には武田信虎の長女・定恵院《じょうけいいん》が嫁いでいる）。

「そんな、悪いのは勝手に侵攻してくる武田のほうでしょ！」

これ以上抗弁しても無駄だと思ったのか、政次は話題を変えた。

「ところでその姫様は、ひょっとして？」

「関口家に嫁いだ大叔母の娘で、瀬名といいます」

「ああ関口親永殿の姫様。お母上は確か太守様（今川義元）の養妹となって、親永殿に嫁がれたんでしたよね」

「何でもよく知ってるわねぇ」

瑞希は、憎々し気に言った。

「そりゃ、井伊家の家老の倅《せがれ》ですからね。井伊家のことは常々勉強しております」

「ふん」

ああ言えばこう言う政次の態度が、いつものことながら瑞希には気に食わなかった。

「ところで、関口殿は今や今川氏一門。こたび瀬名様に、今川氏に仕官する松平氏の御曹司との縁談があるとか」

そのことは、瑞希には初耳だった。

「え？　ほんとなの？」

瑞希が思わず瀬名に問うと、彼女は首を傾《かし》げるばかりである。

「本人の前で変なこと言わないでよ」

改めて瑞希は政次を睨んだ。

「失礼いたしました」と謝したあと、政次は蘊蓄《うんちく》を傾けるような口調で言った。

「ところで瑞希様は、寄らば大樹の影という俚諺《りげん》を御存じですか？」

「莫迦《ばか》にしないで。知ってるわ、そんな諺《ことわざ》くらい」

「なら、お判りでしょうが、今川氏という大樹に寄り添うのが、井伊家にとって今一番の得策だということです。この生き馬の目を抜く戦国の世を生き抜くためには。関口氏も松平氏もそれをよく承知されておられるのでしょう」

「だから、両氏は今川氏と婚姻関係を結んだというの？」

「さようでございます。瑞希様、あなたは井伊家の一人娘。実は今川氏の親類筋に良い方がおられるのですが。是非、婿に取られたらいかがと」

「朝比奈《あさひな》氏の嫡男であろう？　この前掛川に行った時、ちらっと顔を見かけたが、とても人間の顔には見えなかった。あれは猿か貉《むじな》の生まれ変わりよ、きっと」

「それは余りのおっしゃりよう」

「政次、断っておくが、私には、亀之丞様という心に決めた相手がおります」

「そんな生きているか死んでいるか分からぬような男と……仮に生きていてあなたと結婚したとしても、亀之丞殿は太守様に睨まれておりますから、井伊家の立場は悪くなるばかりです」

「何といわれようが、私は亀之丞様以外の殿方と結婚しようとは思いませぬ」

瑞希がそうきっぱり言い切った時、政次の衣服にざざっという、何かが降りかかる音がした。原因は瀬名だった。瀬名が憤怒《ふんぬ》の表情で、政次めがけて砂を投げつけたのだった。

「瑞希姉ちゃんをいじめるな！」

さすがの政次も、瀬名の剣幕にたじろいだように見えた。

「決していじめてなど……」

「ウソ、お姉ちゃんが困ってるじゃないか。命の恩人の瑞希姉ちゃんをいじめる奴は、この瀬名が許さないから」

瀬名はかがんで、また砂を掴もうとしている。

「瀬名ちゃん、いいから、もういいから」

瑞希が慌てて、取り成そうとしている間に、政次は「失礼つかまつる」と言って、そそくさとその場を立ち去っていく。その後姿に向かって瀬名はさらに叫んだ。

「二度とお姉ちゃんに近づくなーっ！」

# 次郎法師

その後も小野政直は、瑞希の縁談に対し積極的に口を挟んできた。そのたびに井伊家では何かと理由を付けて、それを退けてきたが、政直はついに究極の結婚相手を示してきた。

「政直の奴、今川の縁者が嫌なら、息子の政次はどうかと申してきよった」

直盛の言葉に瑞希は絶句した。井伊家にとって、獅子身中《しししんちゅう》の虫である小野家の嫡男と結婚するなんて、死んでも嫌だと思った。

「父上、わたし絶対にそんな縁談受けませんから」

当然、両親も同じ考えと思いきや、彼らの反応は必ずしもそうではなかった。

「しかし、断ったところで、政直は手を変え品を変え、何度でも持ちかけて来よう。まあ、考えようによっちゃ、今川氏とうまくやっていくためには、小野家と縁組しておくのは悪くない話かもしれん」

「父上、そんな……」

「確かに、政次殿は朝日奈の息子と違って、随分と男前じゃないですか。頭も切れるということだし、私なら決めちゃうかも」

「母上まで、何ということを……」

瑞希の母は、井伊家の親類衆・新野《にいの》氏の出身で、お姫様育ちであったが、時にこんな蓮《はす》っ葉《ぱ》な言葉を口にしたりするのである。

「瑞希や、いずれにしろ亀之丞のことはもう忘れなさい」

引導を渡すような父の言い方に、瑞希は愕然となった。

「いいえ、私が心に決めた人は、亀之丞様ただ一人です。絶対に諦めませんから」

瑞希は屋敷を飛び出すと、迷わず龍潭寺《りゅうたんじ》に向かって駆け出した。


龍潭寺住職・南渓瑞門《なんけいずいもん》は、井伊直平《なおひら》の二男で、瑞希にとっては大叔父、亀之丞からすると伯父に当たる。二男ということもあり、幼くして出家したが、博識で判断力があり、井伊家の御意見番として、家中《かちゅう》で一目置かれた存在であった。

南渓は、瑞希が子供の頃から「次郎、次郎」と言って彼女を可愛がり、瑞希も何か困ったことがあると、南渓を訪ねて相談するのが常だった。

「和尚様、ひどいと思いませぬか」

瑞希は、息せき切って両親の仕打ちを訴えた。

「確かにお前にとってはひどい話だが、直盛は直盛で井伊家のことを思って悩んでおるのだろう。そこは察してやれ」

「それは……。でも、政次に嫁ぐなんて真っ平ごめんです。何かいい方法はないのでしょうか？」瑞希は縋《すが》るような思いで尋ねた。

「全く手が無いわけではない」

「なんでございましょう？　是非教えてください」

しかし、南渓の提案は突拍子もないものであった。

「出家して尼になるのじゃ」

「えっ、いやよ、そんなの」

「尼になって世を捨てれば、さしもの小野殿も諦めるじゃろう」

「そうかもしれないけど。私まだ十五よ。若い身空で髪を切るなんて……」

「心配するな、次郎。それは狂言でやるのじゃ。この際じゃから、お前だけには教えてやるが、亀之丞は信濃の伊那谷《いなだに》にある寺で元気に暮らしておる。小野家の者の耳に入るとまずいので、直盛にも話してはおらんのだがな」

「えっ、信濃に？」

瑞希は亀之丞が健在だと聞いて、思わず身を乗り出した。

「ああ、いずれ時期がくれば井伊谷に戻す。その時は、お前を還俗《げんぞく》させて、亀之丞と一緒にさせてやる」

「ほんとうですか？」

「うむ。約束しよう。小野家の攻勢を防ぐためとあらば、直盛も納得しよう」

「やった、嬉しい！　やっぱり和尚様は頼りになる、大好き！」

瑞希は南渓の首に抱きついた。

「まあまあ、落ち着け。そうと決まったら、まずは法名《ほうみょう》を決めんといかん」

「法名って、『何とか院』とかいう？」

「いや、それは尼の法名じゃ。女が出家すれば尼ということになるが、尼は原則として還俗ができん。その点、僧なら還俗した例は星の数ほどある。だから、そなたは将来の還俗を見越して、女ではあるが、形式上は僧になるのじゃ」

「僧に？」

「そうじゃ、だから、法名は僧のものとする。何がよいかのう……」

しばらく南渓は思案していたが、やがて諦めたように口を開いた。

「えーい、面倒臭い。とりあえず次郎の法名だから、次郎法師とでもしておこう。女にこそあれ、次郎法師じゃ」

おざなりな命名であったが、亀之丞と結ばれるためなら、瑞希にはどうでもよいことであった。

「次郎法師かぁ……。そう言えば、中国に三蔵法師とかいうエライ坊さんがいたっけ。ま、よしとするか」

瑞希が納得すると、二人は顔を見合わせ、声を上げて笑った。

# 裏切り

それから四年、瑞希は龍潭寺において南渓の指導のもと、次郎法師として仏に仕える生活に身を置いた。もっとも、それはあくまで世を忍ぶ仮の姿であったから、本気で仏道修行をしていたわけではない。だから、時には修業僧にあるまじき、（普通の若い娘と同様）

不真面目な振る舞いをすることもあって、しばしば南渓の叱声《しっせい》を浴びた。

そんな寺の生活にいい加減うんざりしていた天文《てんぶん》二十四年（一五五五）の春弥生《やよい》、瑞希が夢にまで見た日がやって来たのである。瑞希はすでに二十一歳。当時としては結婚適齢期を過ぎつつあった。

ある日、外出から寺に帰った瑞希に、南渓がおもむろに声を掛けた。

「次郎、心を落ち着けて聴け、亀之丞が帰って来た……」

「ほんとうですか？　和尚様」

「ああ、今、円通寺《えんつうじ》におる」

そう南渓が言い終わるか終わらぬうちに、瑞希は駆け出していた。円通寺は直満邸の跡に建てられた龍潭寺の末寺であった。

「ちょっと待て！　お前に話しておかねばならないことがあるんじゃ、次郎！」

背中に投げられたそんな言葉も、瑞希の耳には入らなかった。亀之丞様が帰って来た、亀之丞様が帰って来た……瑞希は何度も口の中でつぶやきながら、僧衣の裾を両手で引き上げながら、全力で走り続けたのだった。

「亀之丞様！」

円通寺の門をくぐるなり、瑞希は叫んだ。

と、本堂の裏のほうから哀愁を帯びた笛の音が聞こえてくる。瑞希が誘われるようにそのほうへ歩を進めると、果たして縁側に腰を掛け、横笛を吹く武者の姿が目に入った。その武者が亀之丞であることを瑞希はすぐに察知した。

「あ、瑞希」

亀之丞は、満面の笑顔で瑞希を迎えた。

「亀之丞様、よくぞ御無事でお帰りになりました。瑞希、この日をどんなに待ち望んでおりましたか」

十一年ぶりに見る亀之丞は、かつての面影は残しているものの、すでに立派な成人男子になっていた。しかもその容貌は、瑞希の期待を決して裏切らないものであった。ただ、貴族のように笛を奏でるところは、昔の亀之丞からはちょっと想像しづらかった。

「これか？　寺の暮らしは退屈じゃったから、手慰《てなぐさ》みに覚えた素人芸よ」

瑞希の気持を察したのか、亀之丞は横笛を示してそう言った。それから、おもむろに帰郷までのいきさつを瑞希に説明した。

「井伊谷《いいのや》を出た後、いくつもの山を越えて信濃の伊那谷に入り、南渓和尚が手配してくれていた松源寺《しょうげんじ》という寺に預けられた。その後今日までずっとそこで暮らしておったが、こたび、小野政直が身罷《みまか》ったことで、帰郷の条件が整ったと南渓和尚が知らせてくれたのだ」

小野家当主・政直は、この年病死しており、嫡男の小野但馬守《たじまのかみ》政次が家督を継いでいた。政次は政直以上の切れ者という評判であったが、年若いこともあり、当主の座が安定するのに時間がかかると見て、今を置いて亀之丞を引き戻す機会は無いと南渓は見たのだろう。

「ところでそなた、なぜそのような姿を」

亀之丞は、瑞希の頭から足先まで目を遣《や》りながら尋ねた。瑞希は、自分の尼僧姿が急に恥ずかしくなった。

「あ、これ。亀之丞様が井伊谷を去られたあと、小野家の者たちがやたらと縁談を勧めるものだから、鬱陶《うっとう》しくて……。その、世を忍ぶ仮の姿なんです」

照れながら瑞希が弁解した時、いままで気づかなかったが、奥の座敷で乳飲み子を抱く女の姿が目に入った。

「そちらは?」

瑞希は嫌な予感を抱きつつ、亀之丞に尋ねた。

「すまん瑞希、家内と息子じゃ」

「す、すまんて、うそでしょ」瑞希はめまいを覚えた。

「こやつには、信濃でたいへん世話になってな、つい」

「つ、ついって、私がこの歳までどんな気持であなたのことを思い続けていたか……」

瑞希は亀之丞の着物の胸倉をつかんで揺さぶった。亀之丞の着物の合わせから、横笛が落ちて地面に転がった。

「いや、いや、しかし、そなたとの約束を忘れておったわけじゃない。こやつはすぐに国元へ返す。息子は何処か適当なところへ養子に出すつもりじゃ。そして、予定通りそなたと夫婦《みょうと》になる」

平然と言ってのける亀之丞に瑞希は無性に腹が立ってきた。

「バカ! 女を一体何だと思ってるのよ!」

瑞希は、亀之丞を床に突き飛ばすと、逃げるように円通寺を後にしたのであった。


瑞希は井伊谷を見下ろす城山の見晴台で、一人座り込んでいた。そこは、八歳の瑞希と亀之丞が許嫁になった時、将来のことを語り合った場所だった。

「どうされました。次郎法師様」

振り向くと、小野政次が立っていた。

「ほっといてよ」

瑞希は傷心している姿を政次だけには見られたくなかった。

「亀之丞殿がもどられたとか」

さすが政次は地獄耳だった。

「ほかの女の人と子供まで作っていたなんて……」

思わず亀之丞への愚痴が、瑞希の口をついて出た。

「お気持ち、お察しいたします」

「ウソ、いい気味だと思ってるんでしょ」

「めっそうもございません」

「これから、一体私はどうすれば」瑞希は独り言のようにつぶやいた。と、政次は優しい気に聞いてくる。

「亀之丞殿は何と?」

「女、子供と別れ、私の婿になると。そんな可哀相なこと、私には到底許せません」

「瑞希様はお優しいから。でも武士の世界ではよくあることでございます」

「そんな世界が間違ってます!」

瑞希は般若の形相《ぎょうそう》で政次を睨んだ。

「そうですか。なら、やはり瑞希様が還俗されて、しかるべき方を婿に迎えられるのがよろしいかと」政次はうろたえずにそう答えた。

「今川の息のかかった男をか？　そなたはいつも冷静じゃのう。……では、そなたが、私のところへ来てくれるか？」

瑞希は腹立ちまぎれに言った。

「瑞希様の御意向とあれば、それがし喜んで」政次がうやうやしく答える。

「冗談じゃ、バカ、死ね！」

瑞希は政次にきっとした目を向けると、僧衣の裾を翻《ひるが》し、政次をそのままにしてさっさとその場を立ち去ったのだった。

# 桶狭間

その後、直盛や南渓が、瑞希に還俗して亀之丞と夫婦になるよう、いくら説得を試みても、彼女は首を縦に振らなかった。どう考えを巡らしてみても、亀之丞の不実を許すことができなかったのである。

結局、亀之丞は直盛の養子となり、元服して井伊直親《なおちか》と称し、奥山朝利《ともとし》の娘を正室として、井伊谷から南へ下った祝田《ほうだ》に住まいを持った。奥山家は、新野家と並んで古くから井伊家の親類衆であった。ちなみに、奥山朝利の妹は、新野家の当主・新野左馬助親距《さまのすけちかのり》に嫁いでおり、左馬助の妹は井伊直盛の正室、すなわち瑞希の母である。

瑞希は、直親があっさりと（瑞希にはそう感じられた）奥山の娘を娶ったことも不満だった。しかも、直親が妻の世話をする女中にも手を付け、女児を生ませるに及んで、瑞希はかつて恋い焦がれた直親に改めて幻滅した。

多情仏心《たじょうぶっしん》と言えば聞こえは良いが、直親には女に対して優柔不断なところが、もともとあったようである。直親への幻滅は、男という生き物、ひいては男がつくる武家社会に対する幻滅に繋がった。

行きがかりで出家した身ではあったが、瑞希は南渓和尚の元で改めて仏道修業に邁進することを決意した。現世にもはや未練はなかった。

それから五年、瑞希の身に再び不幸が訪れる。

永禄三年（一五六〇）五月、今川義元は三河《みかわ》・尾張《おわり》への侵攻を決意し、井伊家にも出陣を要請してきた。駿河・遠江を収めた義元は、甲斐の武田氏、相模の北条氏との三国同盟によって領国の東面と北面を安定させ、さらに西へと領土の拡大を図ろうとしていたのだった。

井伊直盛は、立場上今川氏の命に背くことはできず、しぶしぶではあったが、部隊を率いて戦場に赴いた。今川軍二万五千に対し、迎え撃つ尾張の戦国大名・織田信長の軍勢は、たかだか数千程度の規模と思われ、とても勝負にはならないはずであった。

ところがである。今川軍が、知多半島の根元にある丘陵地・桶狭間《おけはざま》で休憩を取っていたところ、突然豪雨に見舞われ、その機をついて織田軍が急襲。激しい白兵戦《はくへいせん》となり、あろうことか、義元の首が織田方によって上げられてしまう。

総大将を失った今川軍は総崩れとなり、東へと落ち延びていったが、この戦いにおいて、井伊直盛は戦死し、井伊家の多くの重臣たちも命を落としたのであった。

南渓から父の戦死を聞かされた時、瑞希は思わず耳を疑った。

「えっ、楽勝のはずじゃなかったんですか?」

「それが、今川軍は織田軍にまさかの大敗。義元殿の首まで討ち取られたと」

「そんな……話が違うじゃないですか」

瑞希は、父が、気の進まない今川氏の戦いに巻き込まれて命を落としたことが何とも言えず悔しかった。しかし、井伊家としては、嘆いてばかりはいられなかった。葬儀を終えると、直ちに当主・直盛亡きあとのお家の体制を整えるための協議が行われた。

協議の中心となったのは、南渓だった。そして、南渓の弟子である瑞希は、その状況を逐次彼から聞くことができた。

本来なら、直盛の後継者として彼の養子になっていた直親が、当主の座に就くべきであったが、南渓は少々不安を感じたようであった。人格形成上一番大切な、十歳から二十歳の間、山寺に隠棲していた直親には、当主として何処か欠けているところがあるというのである。とても、策略家である目付家老の小野政次に対抗することはできないだろうと。

結局、直親を当主にはするが、彼が当主としての器量を備えるまでの間、井伊家の重臣・中野直由《なおよし》を後見人として付けることになった。直由は、同じく井伊家の重臣である奥山朝利の娘を妻としており、直親とは嫁同士が姉妹という間柄である。

ところが、新体制が発足した直後、その奥山朝利が大事件を起こした。婿である直親の地位を確かなものにするため、それを阻止しようとするに違いない小野家を、手勢を率いて襲撃したのである。しかし、事前に事態を察知した政次らの返り討ちに遭い、朝利を含め全員が戦死してしまった。

龍潭寺で行われた朝利らの葬儀の席で、瑞希は久方ぶりに直親と言葉を交わした。

「直親殿、こたびは大変なことでございました」

「ああ、次郎法師殿。何ともはや……」

直親はすっかり憔悴《しょうすい》しきった様子だった。

「当主としてのお勤め、さぞ御苦労が多かろうと存じます」

五年の年月が、直親に対する「恋の恨み」を、瑞希の心からほとんど消し去っていた。瑞希は直親を、井伊一族の同志としてみることができるようになっていたのだ。

「次郎法師殿、いや瑞希。それがしに当主という大役が全うできるのであろうか」

「何を気弱なことを申されます。もうすぐ御子がお生まれでしょう。今度は男子に違いありません。そのお子のためにも気をしっかりとお持ちくださいい」

朝利の娘が懐妊したことを瑞希は聞き知っていたので、そのことを材料に直親を励まそうと思ったのだが、あまり効果はなかったようだった。昔から心の優しい男だったが、優しさは時に弱さに繋がる。南渓が言うように、彼には当主のような責任ある立場は、荷が重すぎるのかもしれない、と瑞希は思った。

「最近つくづく思うのだが、やはりそなたと夫婦になるべきだった……」

直親は女々しくつぶやいた。

(何を今さら)瑞希は心の中で非難した。

「そなたとなら、当主という役目もやりおおせたのではないかと……」

そんな直親の言葉に、瑞希は同情こそすれ、女として心を動かされることはもはやなかった。

# 家康という男

永禄五年（一五六二）四月、松平家康（元康を改名）の正室・瀬名《せな》が四歳の嫡男・竹千代（のちの松平信康《のぶやす》）、三歳の娘・亀姫《かめひめ》を連れて井伊谷を訪れた。家康は今川義元の命で、桶狭間の戦いに従軍していたが、義元が討たれたと知るや、駿府《すんぷ》には戻らず、そのまま松平氏の本拠であった三河国の岡崎城へ入ったのであった。その後、家康は今川氏から独立する意志を表明し、さらには尾張の織田信長と同盟（清州《きよす》同盟）を結んで、今川氏に対抗する姿勢を示した。

この間、瀬名と子供たちは駿府に置き去りにされたままであったが、三河国の武将で今川義元の義弟である鵜殿長照《うどのながてる》の遺児との人質交換によって、ようやく岡崎へ移されることになり、その途中、井伊谷《いいのや》へ立ち寄ったのである。

井伊家ゆかりの古井戸のある田園。瑞希は今度もまた、瀬名との思い出の場所へ彼女と竹千代を誘って散策に出かけた。亀姫は昼寝の最中だったので、無理に起こさなかった。

「これ、あまり遠くへ行ってはいけませんよ。それから井戸に近づかないようにっ！」

駆け出した幼い竹千代を嗜《たしな》める瀬名は、すっかり武家の正室らしく、大人の女の落ち着きを備えていた。瀬名は二十一歳、瑞希は二十八歳になっていた。

「ほんとうに、お会いするのは何年ぶりか」

「もう十年になりましょうか。あの時もこんなふうにきれいな花が咲き乱れておりました」

「そうでしたね。……こたび、三河の家康殿の元に移られることになられたようで」

「ええ、やっと」

瀬名は、少女の時のような、はにかんだ笑顔を見せた。

「あ、お悔やみが遅くなりましたが、父上様、母上様は誠にお気の毒でした」

瀬名の父・関口親永は、婿である家康の独立後、今川義元の後を継いだ氏真《うじざね》から、家康への内通を疑われ、妻（井伊直平の娘）と共に自害したのである。瀬名の母の死は、井伊家にも衝撃を与えて、年老いた直平は娘の死に愕然として、しばらく食べ物がのどを通らないほどであった。

「人生、一寸先は闇と申しますが、こんなことになろうとは、数年前には予想だにしませんでした」

瀬名が目を伏せたので、瑞希は雰囲気を変えようと、

「ほんとうに。私だって今ではこんな姿ですから」と、両手で僧衣を広げて少しおどけて見せた。

「ふふ、瑞希様が出家なさったと伺った時は、耳を疑いましたよ」

「まあ、どうして」

「だって、余りにらしくないですから。直親様と夫婦になられるとばかり思っておりました」

「こればかりは、神様仏様の思し召《おぼめ》しですから」

「そうですか……」瀬名は残念そうにつぶやいたあと、改まった様子でこう言った。

「実は、瑞希様に是非とも申し上げておきたいことがございます」

「何でしょうか」

「今川氏は、そう長くは続かないと思います」

「何ですって?」

瀬名が突然、主君・今川氏の存亡に関することを口にしたので、瑞希はたじろいだ。

「確かに今川氏は駿河・遠江の大大名として名を成してきましたが、義元公亡きあと家督を継いだ氏真殿ははっきり言って凡庸《ぼんよう》です。北条や武田、あるいは織田といった勢力にいずれは飲み込まれてしまいましょう。夫の家康は早々に見切りを付けて、今川から独立し、先頃尾張の織田信長と同盟を結びました。井伊家の存続のために、瑞希様にはそうした天下の情勢を知っておいていただきたいのです」

「井伊家存続のために？　我々は何をすればいいと？」

瑞希の問いに瀬名の答えは明快だった。

「はい。まずはできるだけ今川と距離を置くこと。そうして、織田と協力関係を築いた松平と誼《よしみ》を持つのが得策かと」

「そなたの御主人と」

「ええ。坊ちゃん育ちで蹴鞠《けまり》や和歌に興じてばかりいる氏真殿と違って、家康は幼い頃から苦労していますから、先の先を見る目を持っております。我々母子を置き去りにして、さっさと岡崎へ引き上げてしまうような非情な男で、夫としては最低ですが、武将としての将来性はなかなかなもののようです。ほんとにこたび、たまたま人質交換という機会に恵まれたからよかったものの、それがなければ、私たち母子は間違いなく父母と同様処罰されていたでしょう。だけど逆に言えば、家康には、妻子を犠牲にしても最後は勝利を得る、という信念が備わっているのです」

終始真顔で話す瀬名の顔を、瑞希はうっとりした気分で見とれていた。瀬名はほれぼれするほど美しかった。自分が男なら絶対彼女を手放さないだろうと思ったが、家康という男は、どんな美的感性を持っているのか。

「そうですか、家康殿ねぇ」

瑞希はまだ半信半疑であった。それを察してか、瀬名はこんなことを聞いてきた。

「瑞希様、義元公の御母堂である寿桂尼《じゆけいに》様を御存じですか？」

「ああ、あの女戦国大名と称された……」

寿桂尼は京の公家・中御門家《なかのみかどけ》から今川氏九代当主・今川氏親《うじちか》に嫁ぎ、氏親の死後、嫡男・氏輝が成人するまで、二年間にわたって自身の押印で公文書を発給し続け、また、氏輝が早世すると、家督をめぐって起こった争い（花倉《はなくら》の乱）に関与し、対抗馬である氏親と側室との子・玄広恵探《げんこうえたん》を排し、自分の産んだ義元（梅岳承芳《せんがくしようほう》）を後継当主の座に就かせている。そうしたことから、寿桂尼は「女戦国大名」の異名を持ち、遠江でも知らない者はいなかった。

「はい。今も御健在で、以前は北条氏から嫁がれた氏真殿の御正室・早川殿《はやかわどの》や、私などにも声をかけてくださって、女会と称していろいろお話を聞かせてくださいました。中でも面白かったのが武将の品定め。その中で寿桂尼様は、わが夫のことを」

「絶賛されたのですね」

「いえ、恐ろしい男だと。今川家にとって非常に不気味な存在だと申されました。今川家にとって不気味な存在ということは、今川家を滅ぼす潜在能力を持っているということだと思います」

寿桂尼がそう評するくらいだから、家康は一角《ひとかど》の武将なのだろうと瑞希は思った。

「なるほど。瀬名様、今申されたこと、次郎法師肝に命じておきます」

瑞希が承知すると、瀬名はほっとした表情になった。

「また、何か動きがありましたら、必ず文で知らせますから」

「瀬名様、なぜ井伊家のためにそこまで？」

瑞希は率直に疑問を口にした。

「何をおっしゃいます。ここは亡き母の故郷です。それに」

「それに？」

「瑞希様は、私の命の恩人ですから」

そう言って、瀬名は微笑みながら古井戸のほうを指差した。幼き頃、井伊家ゆかりの井戸での偶発的な出来事が、今も彼女の心の中に忘れがたい思い出として、印象付けられているようであった。

二人がそんなやり取りをしていると、井戸とは逆の方向から信康の声が聞こえた。

「母うえーっ！」二人に向かって手を振っている。

「竹千代、もどりますよーっ」

瀬名は母親の顔に戻って、息子を手招きした。

# 直親死す

瑞希は、瀬名から聞いた駿河・三河の情勢を南渓に伝えた。南渓は、直親、中野直由らと軍議の席でそのことを取り上げ、今後の井伊家の取るべき道を検討したようだった。しかし、その情報が何処かから漏れ、小野政次の耳に入ったのであろうか、永禄五年（一五六二）十二月、井伊家当主・直親は謀反の疑いを掛けられ、駿府へ弁明に来るよう今川氏真から政次を通じて命が下った。

十八年前、直親の父と叔父が今川氏に呼び出され、自害させられたことを思い出して、瑞希は不吉な気持ちに駆られた。

彼女は、南渓らと井伊谷城の山門で出立する直親を見送った。

「次郎法師殿、後のことは頼みもうしたぞ」

直親は瑞希のほうを見て言った。

「直親殿、今日ほど凛々しくお見受けするのは、初めてのこと」

実際、今日の直親はこの前瑞希に見せた弱気は影を潜め、どこか吹っ切れた表情になっていた。

「わしとて、武士の端くれじゃ。たまには一家のために役立たねばの」

「きっと御無事でお帰りください」

瑞希は心を込めてそう言った。本当は、昔から嘘をつくのがヘタだった直親に、謀反を追及されてもきっとシラを切り通すよう忠告したかったのだが、彼女はそれを口にできなかった。毅然とした直親の表情を見ていると、今の彼はそんな姑息な忠告をたぶん受け付けないだろうと思えたのだ。

「こんなこと言えた義理ではないが、わしにもし万一のことがあれば、虎松《とらまつ》のことを頼んだぞ」

前年、直親の正室は男児を産み、虎松と名付けられていた。井伊家にとって、大切な大切な跡取りである。

「奥方様がおられるじゃありませんか」

「女に武士の教育を任せるわけにはゆかん」

「で、私めに？　私だって女ですよ」瑞希が笑いながら抗議すると、

「いやいや、失礼した。しかし、もはやそなた以外に息子を託す者はおらんのじゃ」

直親はどうしても瑞希に引き受けさせたい様子である。ここはその願いをきいてやろうと、瑞希は思った。

「分かりました。御心配無きよう。この次郎法師、責任を持って虎松殿を立派な武士に

育てましょう。そなたよりもずっと立派な武士に」

最後の部分は冗談のつもりだったが、直親は真顔で受け止めた。

「有り難き幸せ。それがし思い残すことはない……」

それが、瑞希が聞いた直親の最後の言葉だった。翌日、駿府への出向途上、直親は氏真の命を受けた掛川城主・朝比奈泰朝《やすとも》率いる軍勢の襲撃を受け、殺害された。享年二十八。

直親の遺体は、家臣らによって彼の屋敷に近い都田川《みやこだがわ》の河原に運ばれ、荼毘《だび》に付された。

直親の死に瑞希は涙を流さなかった。むしろ、井伊家の当主を死に追いやった者への怒りに体が震えた。その者とは、今川義元であり小野政次であった。直親の死後、政次はさすがにしばらく行方をくらましていたが、ひと月ほどして井伊谷に帰って来た。

瑞希は城下で政次を見かけ、呼び止めた。

「政次、待て」

「これは次郎法師様」

「そなたの描いたとおりに事は進んでおるようだな」

「何のことでございましょう」

「しらばっくれるな、政次」

「父・直盛が桶狭間で戦死したのは不運としても、直親殿を殺害させたのはそなたの差し金であろう」

「何を申されます。それがしは井伊家のためを思い、最悪の事態を避けようとしたまででございます」

「きれいごとを申すな。この井伊谷を小野一族のものとする……それがそなたの目的なのであろう」

「いえ、こたびのことは、直親殿に松平氏へ内通する動きがあったのは確かでございます」

「どうせ、そなたのでっち上げに決まっておる。聞く耳持たんわ。しかしな、政次、お前の勝手にはさせせんぞ。井伊家はそうやすやすと潰れはせん」

おそらくは、政次の言った通り、直親にそうした動きがあったのだろうが、瑞希はそれを認めるのがしゃくだった。

「どうなさるおつもりで」

「当面は、曽祖父・直平殿に当主に返り咲いていただく」

瑞希は、さっき南渓が、それしか方法はないかのう、と苦渋に満ちた表情で中野直由に話していたのを聞いたのである。

「直平殿は、かなりの御高齢。当主の激務は御無理なのでは?」

直平は、瑞希の曽祖父に当たり、井伊家の先々代の当主である。遠江に進攻してきた今川氏と果敢に戦い、臣従を余儀なくされたのも、また今川氏との関係を円滑にするため小野家を家老に加えたのも、直平の当主時代のことであった。

しかし、剛毅で鳴らした直平もすでに齢《よわい》七十四。引馬城《ひくま》（のちの浜松城）の城主を務めてはいるものの、相次ぐ逆縁で心身ともに衰えが急激に進んでいた。政次はそれを十分承知しているのだ。

「うるさい。まだまだ矍鑠《かくしゃく》とされておるわ。井伊家を侮るではないぞ」

瑞希はそううそぶいたが、内心は不安が渦巻いていた。

# 長老出陣

それからしばらくして、南渓と瑞希は直平の当主復帰の話をしに、直平が城主を務める引馬城へ三歳の虎松を同伴して訪れた。虎松には一旦氏真より処刑の命が出されたが、新野左馬助の必死の嘆願により、何とか命を取り留めていた。

「おおじいさま、虎松を連れてまいりました」

直平は、満面の笑顔で虎松を出迎えたが、彼が発した言葉に瑞希は愕然となった。

「おお、可愛い童《わらべ》じゃのう、でどこの子じゃ?」

「や、ですからおおおじいさまのひ孫の虎松にございます」

「あ、そうかひ孫の直盛か、大きいなったのう」

「おおじいさま、違います。直盛はもう戦死いたしました」

瑞希は、直平のボケがここまで進んでいるとは思わなかった。何とか直平に理解させようと試みたが、無駄だった。

「戦死? ふーん。ところでそなた、こよいは私の寝所に参れ、久々に可愛がってやろうぞ」

「だめたこりゃ」

南渓と瑞希は顔を見合わせた。とても、当主復帰について相談できるような状態ではなかった。二人はがっくり肩を落として、井伊谷へ帰ったが、ここは家臣たちにも直平の「病状」を隠したまま、当主に迎えるほかはない、と腹をくくったのだった。

直平が当主に復帰してしばらくは、直平の従者を長く務めていた大石作左衛門《さくざえもん》の気配りで、何とか大過なく時間が過ぎていったが、やがて壁にぶち当たった。

「次郎、大変じゃ。今川が政次を通じて三河攻めへの参戦を命じてきた」

ある日、瑞希は龍潭寺内で南渓からそう告げられた。今川氏真が、父・義元の弔い合戦を行うため、三河国吉田への出撃を決定したというのである。

「何ですと」

瑞希は、井伊家がまた戦に関わらねばならないのかと思ってぞっとしたが、事態はさらに深刻であった。

「しかも、当主・直平じきじきの出陣を要請しておる」

「そんな、おおじい様に出陣して采配を振るうなど、とても無理です」

「こたびもまた、政次の差し金かもしれん。老いた直平を戦地に赴かせて倒れてくれれば、いよいよ井伊家を崩壊状態にできると踏んで、氏真に口添えしたのだろう」

「政次の奴、どこまで我々を苦しめれば気が済むのじゃ」

瑞希は、はらわたが煮えくり返る思いで、唇を噛んだ。

「ともあれ、采配は無理にしても、ここは取りあえず、父上に戦地へ出向いてもらって、格好をつけるしかあるまい。なあに作左衛門がうまく取り仕切ってくれよう」

南渓の、半ばやけくそのような言葉に、瑞希もうなずくほかはなかった。

永禄六年（一五六三）九月上旬、直平は兵を率いて出陣したが、浜名湖畔で野営中、陣営から火を出し、周辺の集落を焼き尽くす失態を演じた。

義元は、それを井伊家の謀反と疑って、急遽、直平の軍勢を今川軍から切り離し、二俣城の南東にある杜山《やしろやま》城を攻撃するよう命じた。社山城を所有する天野氏の武田氏内通が発覚したので、その討伐に当たれという理由が付された。その命に直平は従ったようだが、瑞希と南渓は気が気ではなかった。そして、彼らの心配はすぐに現実のものとなる。


「申し上げます！　おやかた様が、引馬城から社山城へ向かわれる途中、落馬されてお亡くなりになりました」

直平の家臣からの急報を受け、南渓と瑞希はがっくりと肩を落とした。やっぱり無理であったか。高齢で認知力の落ちた直平を戦場へ送り込むこと自体、非常識なことであったのだ。

「で、敵の急襲に遭ったのか」

「いや、その……」

瑞希の質問に家来は口をもごもごさせている。

「どうしたのじゃ、はっきり申せ」

「実は、引馬城で振る舞われた馳走を、召し上がり過ぎたようで、馬上もどされたものを喉に詰められた次第……」

引間城は直平が城主を務めた城、直平の後任は、彼に臣従してきた井伊家の家老・飯《いい》尾連龍《おつらたつ》である。直平が、杜山城への出陣に当たって引馬城へ立ち寄り、相当な歓待を受けたであろうことは想像に難くない。そして、満腹中枢が麻痺している直平が食べ過ぎるのは当然といえば当然であった。

「な、なんと」「噦下《えんげ》障害で……」

「あまりに表情が見苦しくござったので、大石作左衛門殿が、そのまま御遺体を川中村まで運んで埋葬され、御自身も墓前で切腹、御自害されました」

「いやはや」

南渓と瑞希は口を合わせ、直平の名誉のため、このことは絶対口外しないよう、家来に言い渡したのであった。

# 女領主誕生

直平の死は、井伊谷に再び大きな衝撃を与えたが、しばらくして、意外な噂が流れるようになった。直平の死因は、引馬城代・飯尾連龍の内室に毒を盛られたため、というのである。連龍の内室は天野氏の出身であり、連龍は天野氏を通じて武田氏に寝返っていたらしい。それを聞いて、当然のごとく井伊家の家臣らはいきり立った。

「連龍の奴、直平殿にあれだけ世話になっておりながら、恩を仇で返すとはこのことじゃ。決して許すまじ!」

会議の席で彼らは口々に息巻いた。

不審に思った南渓と瑞希は、直平に随行していた家来を呼んで確かめた。

「そなた、大殿は食べ物を喉に詰まらせて亡くなられたと申したが、毒を盛られたという気配はなかったか」

「いえ、あの時の馳走は大変な量でありましたゆえ、お前たちも一緒に食せ、と申されて、我らも御相伴《おしょうばん》に与《あずか》りましたから。それより、大殿の食べ方が、とても尋常ではございませんでした。まるで、が…が…」

「餓鬼道のようであった、というのか」

「はっ」

南渓と瑞希は顔を見合わせた。

「下がってよい」

いったい何処から、こんな噂が流れたのか。永禄七年（一五六四）九月、その答えを示唆するような出来事が起こった。連龍が今川に叛旗を翻したとして、今川氏真が井伊家に対し、引馬城攻めを命じて来たのである。

井伊家の家臣らは渡りに船とばかりにその命に従った。

「大殿の弔《とむら》い合戦じゃ。連龍め、血祭りにあげてくれようぞ」

頭に血が上った家臣らを、南渓も瑞希も諫《いさ》めることはできなかった。今さら、大殿の死因は噓下障害だったとは言いづらかったのである。しかし、名誉もくそもなく、彼らを引き留めるべきであったことを、二人はすぐに思い知る。

引馬城攻めは激烈を極め、井伊家の多くの家臣が討ち死にした。そして、その中に井伊家を実質的に率いてきた新野左馬助、中野直由という二人の重臣がいたのである。井伊家にとって絶望的な事態であった（結局、引馬城は落ちず、今川氏真が飯尾連龍に和睦を持ちかけると、連龍はそれを受諾。謝礼のため駿府へ出向くが、その際、今川の手によって謀殺された）。

「次郎、いよいよ進退窮まったたな」

さすがの南渓も頭を抱えている。龍潭寺本堂の軒にぶら下がった風鈴の、季節はずれの清音《せいおん》が瑞希を苛立《いらだ》たせた。

「このままでは、井伊家は今川氏によって取りつぶされてしまいます」

「今や井伊家の血を引く男子は虎松のみじゃ」

「けれど和尚様、虎松はまだ四つです。とても政《まつりごと》などできませぬ」

「もちろんそうじゃ。それにいつ何時、今川や小野の手に掛って殺されんとも限らん。近いうちに、虎松を三河の鳳来寺《ほうらいじ》に預けようと思っておる。そこで相談なんじゃが、次郎。そなた、還俗してはもらえぬか。還俗して井伊家の当主を引き受けてはくれぬか」

「えっ、何をまた突拍子もないことを」

南渓の提案に瑞希は腰が抜けそうになった。確かに瑞希は、尼ではなく次郎法師という僧籍であるから、還俗は可能なのだが、それはいずれ亀之丞（直親）と祝言を上げるために、南渓の指示でそうしたこと。井伊家当主に就くための措置ではなかった。

「いや、急に思いついたことではない。そなたの器量なら十分に井伊家の当主を務めおおせよう」

「無理無理無理、絶対に無理でございます」

瑞希は必死の思いで固辞した。そして、

「私より、和尚様が還俗なさればよろしいではありませぬか」と南渓に責任転嫁したが、

「いや、わしは井伊家の嫡流ではない。第一わしをいくつじゃと思っておるのか。そなたは女にこそあれ、井伊家の惣領《そうりょう》じゃ。虎松が元服するまで、何とかやってくれ。わしが命懸けで補佐をするゆえ、このとおりじゃ」

そう南渓に頭を下げられると、瑞希は観念せざるを得なかった。

「そうか、引き受けてくれるか。実はそなたの当主としての名前も考えてあるのじゃ。対外的に女と分かってはまずい。だから、勇ましい武将名にする必要がある。そこでじゃ。直親と虎松の中継ぎをするわけだから、両名から一字ずつ取って『直虎《なおとら》』と。どうじゃ、いい名であろう」

何ともはや、単純な命名に瑞希は呆《あき》れた。

「もーっ、知らないから」

永禄八年（一五六五）一月、瑞希は井伊谷城の大広間で、家臣らを集めて新当主就任のお披露目を行った。瑞希はいつもの通り尼僧姿であった。前代未聞の女当主の誕生に、家臣たちは皆驚いた様子であったが、五歳の虎松を横に座らせ、虎松が元服するまでの暫定的な措置であることを告げると、彼らは不承不承《ふしょうぶしょう》納得したようであった。

瑞希は虎松を養子として新野邸から引き取り、井伊谷城で南渓と共に、将来井伊家の当主になるための帝王学を学ばせることを合わせて表明した。

座がお開きになったあと、瑞希は出席していた政次を呼び止めた。女だと舐められてはいけないので、最初に牽制しておこうと考えたのである。

「政次、そなた呆れておるのだろう?」

「はあ、次郎法師様が還俗されて、婿を取られることはあろうかと思っておりましたが、よもや男名で当主になられるとは」

「思いもよらなかったか、政次。世の中、そうそうそなたの想定通りには進まぬわ。覚えておけ。もっとも、この歳では婿を取ろうにも来てはなかろうがな、ははは」

瑞希はすでに三十路に入っていたので、最後のところは自嘲気味に言ったのだが、政次は予想外の反応を示した。

「そんな。次郎様の器量なら、いくらでもお申し出があろうかと」

「政次、そなたお世辞がうまくなったな。しかし、私はこれから男として生きる。井伊直虎としてな。そのつもりで臣従せよ」

「はっ、政次、誠心誠意務めさせていただきまするっ」

瑞希は、こうなったら逆に政次をこき使ってやろうと考えた。

# 徳政令

井伊直虎として、井伊谷を領する井伊家の当主となった瑞希は、遠江の戦国大名・今川氏からみれば、自らの管轄下にある地頭《じとう》ということになる。地頭とは領内の警察権、裁判権、年貢の徴収権などを持つとともに、大名への軍役を負担する、いわゆる国人領主のこと。瑞希の当主就任は、「女地頭」の誕生でもあった。

瑞希が、最初にすべき仕事は、滞りがちであった安堵状《あんどじょう》の発給であった。安堵状とは領主が土地所有者の権利等を認める公文書である。瑞希は家臣の作成する安堵状に自らの花《か》押《おう》（署名の代わりに使う記号）をひたすら押すのが日課となった。

当時、花押は身分のある男が使用するものであったが、女ながら直虎という男名を持つ領主のために、南渓が彼女用の花押を用意してくれたのだった。

「政次や、当主の仕事というのは、意外と退屈なものじゃな」

「直虎殿、安堵状を軽んじてはなりませぬ。そこには、領内の動向が人知れず反映されますゆえ。昨今も注目すべき傾向が」

「何かあるのか？」

「は、地主名義の変更が著しゅうございます」

「どういうことじゃ」

「近年、飢饉や戦が続いて領民は疲弊しております。そこで、やむなく金貸しから金銭を借りるのでしょうが、期限までに返せず、借金の形《かた》に土地を取り上げてしまっておるものと思われます」

「そうか、それは由々しき事態じゃのう。何とか手を打たねば。しかし、なんだ。そなた、あらためて言うのも変だが頭がいいのう」

「恐れ入ります」

うやうやしく頭を下げる政次に、瑞希は心ならずも敬意の念を抱いてしまうのであった。

ある日のこと。松井方久《ほうきゅう》という商人が訪ねて来て、相当な金銭の用立てを申し出た。井伊家の財産は、戦続きということもあって、底を尽きかけていた。瑞希は渡りに船とばかり、話に乗ったが、方久は交換条件を出してきた。井伊領内の瀬戸村をいただきたいと言う。

瀬戸村は良質の田畑に恵まれている……しかし、瑞希は目先の財源確保を優先し、誰にも相談せずにその条件を呑んでしまった。それを後で知った政次は、強く瑞希を嗜めた。

「直虎殿、土地の維持は領国安定の基本です。目先の苦境から脱するために、それを簡単に手放すとは。仮にそやつが武田氏と通じていて、そこに城でも築かれたらいかがなされます」

「……」政次の言葉に瑞希は一言もなかった。

また、ある日のこと。

「政次、徳政令《とくせいれい》の要望が上がってきておるが、徳政令とはなんぞや？」

「徳政令とは、領民の謝金を棒引きしたり、租税を免除したりするものでございます」

「そんなことができるのか、それは生活に苦しんでおる領民は喜ぶであろうな」

政次の説明に瑞希は無邪気に答えたが、事はそう簡単なものではなかった。

「確かに領民は喜ぶでしょうが、金貸しから苦情を受けねばなりませんし、井伊家の財政も苦しくなりましょう」

「そうかあ、難しいものじゃのう」

瑞希は政《まつりごと》というものの複雑さを、改めて思い知らされた気がした。

その後、徳政令の請願はいくつも出され、直虎ではらちが明かぬと、今川氏真へ直接要望に行く者も現れ始めた。そして、瑞希が当主となって三年目、ついに氏真が直虎に対し、領内に徳政令を発布するよう指示してきたのであった。

この事態を重く見たのは南渓であった。

「次郎や、今回の徳政令の一件については、裏があるように思えてならん」

「と申されますと?」

「徳政令の請願が多発するということは、領主の統治能力が欠けているということになりかねない。氏真はそれをネタに井伊家の取りつぶしを狙っておるのではないかと。そして、それを仕向けているのは……」

「政次?」

「ああ、あやつにしてみれば、井伊家に取って代われる大きな機会であるからな」

「しかし、政次はここのところ、よく私を支えてくれておりますが……」

「そなたを油断させる芝居であろう。次郎、騙されてはいかんぞ。あやつから目を離すな」


そんな折、岡崎の瀬名から書状が届いた。彼女は岡崎に移ってからも、姑《しゅうとめ》である家康の母・於大《おだい》の方の反対で、家康の住む岡崎城に入れなかった。於大の方は、かつて今川氏のせいで、夫・松平広忠《ひろただ》と離縁させられ、幼い家康とも別れなければならなかった。そんな彼女の今川氏に対する恨みが、今川の縁者である瀬名にも向けられたようであった。瀬名は、今も岡崎城下の惣持尼寺に幽閉状態にあり、同寺が所在する地名から築山殿《つきやまどの》と呼ばれるようになっていた。一方、瀬名の夫・家康は、二年前に朝廷から従五位下三河守を叙任され、松平から「徳川」に改姓して徳川家康と称し、翌年には、嫡男・信康（竹千代を改名）の正室に織田信長の娘・徳姫《とくひめ》を迎え、織田氏との結び付きをさらに強めていた。瀬名の読み通り、家康は出世街道を順調に進みつつあったのである。

さて、瀬名の書状には驚くべき内容が認《したた》められていた。家康が武田信玄と示し合わせて、今川領への侵攻を開始するというのだ。信玄は駿河へ、そして遠江には家康が入る由。瑞希は急いでこのことを南渓に知らせた。

「そうか、武田と徳川に二手から攻められたら、さすがの今川も勝ち目はあるまい。ここは、瀬名の言うとおり、今川から離れ家康殿を迎え入れるのが得策のようじゃな」

「瀬名様は、抵抗しない限り、家康殿は井伊谷に危害は加えないだろう、と申しておられます。しかし、変に歯向かうようなことをすれば……」

「容赦せず、叩き潰すというわけじゃな」と言ったあと、南渓は何かを思いついたようにポンと膝を叩いた。

「次郎、妙案が浮かんだぞ。危ない橋ではあるが、渡ってみるか」

「妙案って何ですか？　和尚様」

訳が分からず問い返す瑞希に、南渓は、

「うむ」とうなずいてから、おもむろに説明し始めた。

それからしばらくして、瑞希は政次を呼んでいつものように相談を持ちかけた。

「政次、太守殿がまた徳政令を出すよう催促してきおった」

「そうでございますか。で、いかがなされます」

「もう、めんどくさいから、出そうと思う、徳政令」

「でも、井伊家の財政はますます逼迫《ひっぱく》します」

「しかしなあ、一揆でも起こされた日にゃ、目も当てられんし。それに」

「それに？」

「どっちにころんでも、井伊家に将来はなさそうじゃ。お前の狙い通り」

「えっ？」

ここで瑞希は、政次を挑発するように睨んだ。

「私はやっと分かった。そなたか従順げに仕えてくれたわけが。やはり井伊家を乗っ取りたい思いからだったのじゃな」

「直虎殿、めっそうもございません。私はただただ、井伊家と直虎殿のことを思えばこそ」

「もうよい」

政次に告げた言葉とは裏腹に、その後も直虎は、なかなか徳政令を出さなかった。業を煮やした今川氏真は、自ら井伊領に徳政令を発布するとともに、家臣の関口氏経《うじつね》を送り込んできた。直虎に引導《いんどう》を渡すためであった。

「井伊直虎、今から沙汰する。ただいまをもって、そなたの地頭職を解く。直ちに城を出よ。井伊谷城は今川家の直轄とし、小野政次に城代を命ず」

関口氏経はそう宣言した。その時、意外なことに政次が口をはさんだ。

「ちょっと、お待ちくだされ。直虎殿を城代として残してはいただけませぬか」

「残念だが、しょせん女に政は無理なのじゃ」

「しかし、……」

「政次、見え透《す》いた茶番はもうよい。そなた、これで思いが叶ったではないか」

直虎は、薄笑みを浮かべて政次を見遣《みや》った。

# 政次処刑

井伊直虎が今川氏真によって地頭職を解かれたことにより、井伊家は実質的に断絶した。

しかし、瑞希も南渓も、周囲が不思議がるほど悲観した表情を見せなかった。というのも、ここまでの事の流れは二人の思惑通りだったからである。

瀬名の情報が正しければ、やがて遠江に家康が侵攻してくる。投降すれば、穏便に済ますが、抵抗する者は容赦しない。井伊谷城の城代となった小野政次は骨の髄まで今川べったりである。とても家康に従うとは思えない。

さすれば……瑞希と南渓は、家康の力を借りて、小野家をさらには今川家まで、この井伊谷から排除しようと考えたのである。

瑞希と虎松は龍潭寺に戻っていたが、虎松はこれから起こるであろう戦から避難させるため、南渓の伝手《つて》で三河国の鳳来寺に預けることにした。瑞希は、二十数年前、亀之丞が井伊谷から逃避する日のことを思い出していた。

何の因果か、彼の息子もまた同様の運命に弄《もてあそ》ばれようとしているのである。瑞希は虎松を送り出すに当たって、彼が亀之丞の轍を踏まないよう、釘を刺した。

「虎松、義母《はは》が迎えを出すまで、何があっても女人を近づけるでないぞ」

「どうして?　どうして女の人を近づけたらいけないの?」

まだ八歳の虎松にその意味が分かろうはずがない。

「そなたが、将来井伊家の当主になるためにじゃ」

「どうして、井伊家の当主になるために、女の人を近づけたらだめなの?」

「どうしても、じゃ」

瑞希は思わず、そなたの父は隠棲中に不実を働いてな……と口走りそうになったが、もちろん思い留まった。

虎松はきょとんとしたままである。

「どうした虎松、義母の言うことが聞けぬか」

虎松はしばし思案している風であったが、やがて無邪気に声を上げた。

「いえ義母上《ははうえ》、虎松、絶対に女の人を側に近づけませぬ」

「そうか、いい子じゃ」

瑞希は、そう褒めながら、将来の当主が女にだらしなくないことを祈るばかりであった。

政次が井伊城の城代についてひと月も経たない永禄十一年（一五六八）十二月六日、家康が三河から遠江への侵攻を開始した。家康は、井伊家の家臣であった近藤康用《やすもち》、鈴木重時《しげとき》、菅沼忠久《ただひさ》（井伊谷《いいのや》三人衆）を調略し、彼らに命じて抵抗勢力を説得させた。

多くはそれに応じたが、夫・飯尾連龍が今川氏によって忙殺されて以降、引馬城を守り続けて来たお田鶴《たづ》の方は、女ながらに城兵を指揮して抗戦した。が、善戦するも最後は侍女ともども敵兵に討ち取られてしまった。

井伊谷城の小野政次もやはり降伏を拒否。しかし、軍事力では家康の力を背景にした三人衆の敵ではなく、政次ら小野一族は城を捨てて逃亡した。こうして、瑞希は南渓と企てた通り、小野勢力を井伊谷から一掃することができたのである。

瑞希は胸を撫で下ろしたが、なぜか心にひっかかるものがあった。政次の本心はいったいいかなるものであったか、まだ得心できなかったのである。南渓は、徹底して政次を今川氏の間諜《かんちょう》扱いしていたが、今川氏真が、徳政令の発布を求めて来た時、政次は、龍潭寺や松井方久の財産・土地を守るため、先に徳政を免除する「黒印状《こくいんじょう》」を出す手があると、教えてくれた。

また、瑞希が関口氏経によって地頭職を解かれた時、自分より瑞希を井伊谷城代に付けるよう進言したのも政次だった。

永禄十二年（一五六九）四月、政次が三岳山《みたけやま》の麓の洞窟に潜んでいることが発覚し、翌朝、三人衆の手の者が捕捉に向かうことを聞きつけた瑞希は、何故かじっとしておれず、暮夜《ぼや》一人その洞窟に向かった。

「政次、政次か……」

瑞希は洞窟内の僅かな光に人の気配を感じて声を掛けた。

「直虎殿」間違いなく政次の声であった。

声をたどって、瑞希は政次の居場所を探り当てた。

「大事はないか」

「御覧の通り、乞食同然の体たらく」

本人の言う通り、髪も髭も伸び放題で、かつて美丈夫で鳴らした風貌は見る影もなかった。おそらく何日も物を食べていないのだろう。

「そなた、一刻も早くここから退避せよ。後藤らがここを嗅ぎ付けたようじゃ。夜が明けるとすぐに捕えにこよう」

自分でも思いがけなく、瑞希は政次に逃亡を勧めていた。

「いえ、もはやこれまでかと」

「何を弱気なことを。どんな時でも決して諦めず、策略をめぐらせてきたそなたではなかったか」

瑞希は政次を励まそうとしたが、彼はそれには応えず、意外なことを言いだした。

「いつぞや、直虎殿に申し上げたことがありましたな」

「何と?」

「寄らば大樹と」

「ああ、覚えておるぞ」

「しかしそれがし、大樹を見誤っておったようです。大樹は今川ではなく、織田でありが徳川であったと」

「いや、聡明なそなたのこと。そんなことはとっくに見抜いておったのではないか。しかし、ほんとは心優しきそなたは、今川とのしがらみを絶つことができなかった。で、自分が犠牲になって我々井伊家を助けようとした、違うか？」

瑞希はようやく、政次の心の謎が解けたような気がした。しかし、それは、まだ十分ではなかったことがすぐに明らかになる。

「直虎殿……。いずれにしろ、それがしは井伊家の家老としては失格だったということです。ただ」

「ただなんじゃ」

「政次、ずっと直虎殿、いや瑞希様のことをお慕い申し上げておりました。この気持ちだけは誰にも劣ることはございませせぬ」

瑞希は驚いた。政次の瑞希への気持が打算ではなく、本心からであったとは。しかし、瑞希は、自分はそのことにほんとは気付いていたんだと思った。ただ、それを受け入れそうな自分が怖くて、わざと気付かないふうに仕向けていただけだと。

「政次……」

瑞希は、ぐったりと横たわる政次の上半身をそっと胸に抱いた。そして、彼の手を取り自分の胸に当ててやった。

「政次、好きにしてよいのだぞ」

亀之丞（直親）のために守り続けた女の操《みさお》であったが、今の政次になら与えてやってもいいと瑞希は思った。

「瑞希様、それがしには妻子がおりますゆえ」

「この期に及んで何と律儀なことを」

瑞希は政次の真面目さが歯がゆかった。

「瑞希様にはいつまでもきれいなお体でいていただきたいと願っております」

政次はそんな殊勝なことまで言った。

「女の私に恥をかかしおって、据え膳食わぬは……と申すではないか！　この意気地なし、バカ、死ね！」

「久しぶりに聞く、死ね、というお言葉……しかし、これが最後になりますな」

「……いや、死ぬな、政次、死んではならん。死なないでおくれ」

瑞希は再び政次を強く抱きしめた。しかし、やはり彼からの反応はなかった。長い間、瑞希は政次を胸に抱いていたが、夜明けを知らせる鳥の声が聞こえたのを機に立ち上がり、もはや廃人のようになった政次を残して洞窟を後にした。

それから数刻後、政次は三人衆の家来によって捕えられた。永禄十二年（一五六九）四月七日、直親が徳川氏に通じたという今川氏への讒言の罪により、政次は家康の命で磔の刑に処された。ひと月後の五月七日、彼のまだ幼い二人の息子も処刑された。

# 武田氏西上

「和尚様、大変でございます。瀬名殿から書状が参りまして、武田が遠江へ侵攻する動きがあると」

瑞希が瀬名から危急を知らせる書状を受け取ったのは、元亀《げんき》三年（一五七二）の秋分を過ぎた頃であった。内容が内容だけに、瑞希はすぐに南渓に報告したのである。

「何、旧今川領は、大井川を境に東を武田、西を徳川の所領とすることで話が付いておったのではないのか。まあ、約束を破るのは戦国大名の本性みたいなものだがな」

四年前、西から徳川家康、北から武田信玄に攻められた今川氏真は、駿府を明け渡し、掛川城に籠城して戦ったが、半年後力尽きてついに開城し、北条氏を頼って伊豆《いず》国に逃れた。この時点で、戦国大名としての今川氏は滅亡し、その後旧今川領は、徳川氏と武田氏が分割統治していたのだった。

「それで家康殿は？」

南渓が、今や井伊谷の領主である家康の動向を知ろうとしたのは当然のことであった。

「むろん受けて立つおつもりのようですが、武田は複数の経路で攻めてくるようで、諏訪から東三河を経由して、まず井伊谷辺りが襲われる可能性もあるから、すぐに準備されよと」

「そうか、寺の宝物はどこか山岳の洞窟にでも避難させよう。武田軍の通った後は焼き尽くされて、一木一草残らんと言うからな」

南渓の言葉通り、武田軍の凶暴さは遠江ではつとに恐れられていた。

「それなら、三岳山の麓に適当な洞窟がございます」

瑞希は、ふと政次が隠れていた洞窟を思い出して、そう言った。

それからほどなくして、瀬名の忠告通り、北西から山県昌景《やまがたまさかげ》率いる武田の別働隊が周辺の集落を焼き払いながら、井伊谷に侵攻してきた。

家康から井伊谷城の管理を任されていた三人衆は、事前に瑞希からの連絡を受け、無謀な抵抗は被害を大きくするばかりと踏んで、早々に井伊谷城を昌景に明け渡した。が、昌景は井伊谷での襲撃・略奪を止めなかった。それを目の当たりにした瑞希は、自ら昌景に直訴しようと決意する。当然のごとく、南渓は反対した。

「気でも狂ったか、次郎。相手は東国の荒武者ぞ。何をされるか分かったものではない」

南渓が言うように、昌景は武田四天王の一人に数えられ、討ち取った首の数が武田家臣中、随一という強者《つわもの》であった。

「でも、私はこれでも井伊家の元当主です。領民の命と財産を踏みにじられて、黙っているわけにはまいりませぬ。すでに仏にささげた身。命も惜しいとは思いません」

「しかし、女のおまえに何が出来る」

「女だからこそ、できることもあろうかと」

「おまえ、まさか……」

瑞希は静かに立ち上がると、茫然とする南渓を残して、尼僧姿のまま単身井伊谷城へ向かった。


井伊谷城の城門で武田軍の門衛に、井伊家の当主であると名乗ると、門衛は一瞬不信な顔つきを見せたが、奥へ引き込んだ後、再び現れ「入れ」と言って、瑞希を城内へ誘導した。瑞希は、かつて自分が執務に使っていた当主の部屋に通された。

そこに、昌景は一人で床几《しょうぎ》に腰かけていた。その名状しがたい顔の醜さに瑞希は思わず目を背けたくなったが、勇気を奮って名を名乗った。

「井伊家当主・井伊直虎と申します」

井伊家は実質滅亡していたが、瑞希は、ここははったりを利かすべきと考えた。

「これは驚いた。尼の当主とは」

口を動かすと、醜い顔がさらに醜さを増した。

「お願いがございます」

「何んじゃ、申してみよ」

「これ以上、井伊谷を荒さないでいただきたいのです」

その言葉を聞いて、昌景は薄ら笑いを浮かべた。彼の醜さはいよいよ最高潮に達した。

「我々は戦をしておるのだぞ。戦には戦法というものがあってな、それを実行するのがそれがしの仕事じゃ」

「私は、井伊の領民の暮らしと命を守るのが仕事でございます」

瑞希は、昌景の醜い顔に慣れてきたこともあって、きっぱりと言い返した。

「ふん、仕事ね」

それから、昌景は瑞希の頭から足の先までゆっくりと目を動かせた。

「何か土産話はあるのか？」

「私を自由にしていただいて結構です」

瑞希はもうやけくそ気分で、来る前から、こういう事態になったら口にしようと用意していた答えを返した。

「ははははは。それがし、年増《としま》の尼を抱くほど女に不自由しておらん」

言葉とは裏腹に昌景は、立ち上がると瑞希のほうへ近づいてきた。座っているときには気が付かなかったが、昌景は立ち上がると驚くほど背が低かった。四尺五寸（百四十センチ足らず）程の小男である。醜い上にチビ……。

昌景が瑞希の肩に手をかけようとした時、彼女は咄嗟に、

「失敬な」と叫んで昌景の体を両手で押しのけた。昌景はふっとんで床に転げた。しかし、好色な目をして立ち上がると、また挑んでくる。瑞希は、今度は昌景の鳩尾《みぞおち》のあたりに蹴りを入れた。幼き頃、父から教わった武術がこんなところで生かされるとは思わなかった。昌景はさっきより遠くへ飛んでいってころがった。

「痛い……」昌景は小さくつぶやいた。それでも立ち上がると、瑞希に向かってくる。

瑞希は、今度はこめかみのあたりに回し蹴りを入れた。昌景は部屋の隅まで飛んでいって、襖にぶち当たり大きな音を立てた。

「殿、いかがいたされました?」隣の部屋から家来の声がした。

「いや、何でもない。控えておれ」

襖のほうに向かって命じると、昌景はまた立ち上がった。瑞希は昌景が、性的に変わった趣向の持ち主であることを悟った。

彼女は無性に腹が立ってきた。亀之丞や政次に捧げようと思っても捧げられなかった自分の操を、なんでこんな田舎の変態ブ男にやらねばならないのか、と。

瑞希は、昌景の顔面を狙って飛び蹴りを加えた。床柱に顔をぶち当てた昌景はおびただしい鼻血を流している。そして、よだれを垂らしながら「痛い……」と漏らすのを聞いて、瑞希の目は、正に獲物を狙う虎のように血走った。

「この野郎、この野郎」と叫びながら、横たわった昌景の小さな体に、何度も何度も蹴りを入れた。「痛い、やめろ、痛い、やめて……」

昌景は恍惚としたうめき声を上げ続けるのだった。

翌朝、龍潭寺に戻って、南渓の顔を見るなり、瑞希の両目から涙があふれ出て来た。

瑞希はゆうべのことを南渓にどのように報告しようかと戸惑ったが、南渓はおおよそを悟ったのか、

「次郎、何も言うな、何も言うな」と言って、彼女を優しく抱き寄せてくれた。瑞希は南渓の肩に顔をうずめ、さめざめと涙を流した。

翌日、山県昌景は井伊谷城を出立し、北へ進んで井伊家の分家・井平《いだいら》氏が守る井平城を攻め落とした後、二俣《ふたまた》城で信玄率いる武田本隊と合流した。ひと月後、二俣城が開城すると、武田軍は三方ヶ原《みかたがはら》で徳川・織田連合軍を撃破、刑部《おさかべ》に移って陣を張り、年を越した。

瑞希と南渓は、頼みの網であった徳川・織田連合軍が、完膚《かんぷ》なきまでに武田軍に敗れたと聞いて愕然となった。そして、井伊谷から目と鼻の先に逗留《とうりゅう》する武田軍の動きに神経を尖らせた。いつ何時、彼らは井伊谷を焼き尽くさないとも限らなかったからである。

しかし、元亀四年（一五七三）一月三日、幸いなことに武田軍は刑部を去り、浜名湖沿いに三河国の野田城に向かった。

瑞希は、自分の体を張って山県昌景に約束させたことが守られて安堵した。昌景と別れる際、「信玄にもしっかり申し伝えよ」と釘を刺していたのである。武田軍は野田城を陥落させたあと、長篠《ながしの》城を経由してなぜか信濃に撤退してしまった。それが信玄の病によるものであったことを瑞希が知るのはずっとのちのことである。

# 虎松出仕

武田軍が甲斐に去ったあと、井伊谷は再び徳川氏の支配下となった。天正《てんしょう》十二年（一五七四）十二月、井伊直親の十三回忌に瑞希は、虎松を三河国の鳳来寺から八年ぶりに井伊谷へ呼び寄せた。今川氏も小野氏も滅んだ今、もはや虎松を隠しておく必要はなくなっていた。もっとも、虎松を迎え入れる領主としての井伊家も無くなっていたわけであるが。

十五歳になった虎松は、見違えるような美少年に育っていた。容姿だけでなく、鳳来寺で武芸・学問を身につけたのか、受け応えもしっかりしていて、聡明さと健康な若い力が一身に漲《みなぎ》っているように見えた。瑞希と南渓が井伊谷城で行った帝王学の指導が今花を開こうとしているのかもしれなかった。

そして、何よりも瑞希を安心させたのは、鳳来寺にいる間に虎松が女をつくったという気配がなかったことである。ひょっとして父・直親の血を引いているのでは、という瑞希の心配は杞憂《きゆう》に過ぎなかったのであった。

瑞希は直感的にこの子なら、井伊家の再興を果たしてくれるのではないかと思った。虎松はひとます、実母の再婚相手である松下源太郎《げんたろう》の養子となり、浜松の源太郎の屋敷に預けられた。

年が明け正月の雰囲気が収まった頃、瑞希は南渓に虎松の今後について相談した。

「和尚様、虎松も十五になりました。井伊家再興のためにも、どこかへ出仕させてはどうかと思うのですが」

「うむ、で、どこかよい出仕先はあるのか。出仕先を間違えると命取りになるからな」

「瀬名様からまた書状が参りまして、信玄の後を継いだ勝頼《かつより》は、家臣との関係がぎくしゃくして、武田氏は一時ほどの勢力が失われているとのこと」

「ほう」

「それに比べて尾張の織田信長は、山城国を平定したうえ、越前の朝倉氏や北近江の浅井氏を滅ぼし、また長島一向一揆を鎮圧するなど、正に飛ぶ鳥を落とす勢いだそうです。なので、その信長と同盟を結び、実質的にこの井伊谷を勢力下においている、瀬名様の夫・徳川家康殿が最もふさわしいと思います。以前、瀬名様からも家康殿と誼《よしみ》を持つのが井伊家のため、と助言をいただいたことがありますゆえ」

「なるほど。で、段取りはどうする?」

「瀬名様から家康殿の外出の日程を聞いて、ぶっつけ本番で直訴《じきそ》したいと思います。その方が手っ取り早いし、印象に残るのではないかと」

瀬名は元亀元年（一五七〇）にやっと岡崎城へ入ることが許されたが、家康は入れ替わりに浜松城（引馬城を改名）に移り、その後夫婦は別居状態にあった。けれど、家康の鷹狩りの日程などは、瀬名が家臣に調べさせればすぐに分かることであろう。

「相変わらず、やることが大胆じゃのう」

瑞希の思い切った提案に、南渓はなかばあきれ顔である。

「正にここが正念場ですから」

そんな瑞希にも、一つ気掛かりなことがあった。それは、徳川の家臣団には男色の風習があり、徳川に出仕させるなら、そのことを虎松に知らせておくほうがよいという、瀬名からの忠告である。

虎松は今や飛び切りの美少年である。虎松が屋敷に出入りするだけで、嬌声《きょうせい》を上げる若い下女も少なくなかった。徳川への出仕が叶った際、その手の輩《やから》が当然手を出して来よう。それに虎松は耐えられるか。いや、耐えてもらわねばならない。

瑞希は、日を改めて徳川仕官のことを虎松に話すと、

「義母上と和尚様の御意向とあれば、虎松、異存のあろうはずもございませぬ」と彼は快諾した。

ほっとした瑞希は、気になっていた件を持ち出してみた。

「虎松や、仮に徳川への仕官が叶ったとして、家来衆の中に入ると、その、いろいろあると思うんじゃ……」

「いろいろ?」

「うん、まあ、男同士の、なんだ……」

「ああ、衆道《しゅうどう》のことでございますか?」

虎松のあっけらかんとした反応に、瑞希は拍子抜けした。

「そなた、不安ではないのか?」

「いえ、万事心得ておりますゆえ」

「心得ているって、おまえ」

瑞希はふと、虎松を鳳来寺へ送り出す時のことを思い出した。あの時、瑞希はくれぐれも女を近づけないよう、虎松に念押しした。それは、亀之丞の轍を踏ませないための親心であったが、虎松はその命を守らんがために、却って男のほうへ近づいたということなのか。しかし、虎松に悲観じみたそぶりは全く感じられなかった。

「義母上、御心配無きよう」

そう自信有り気に答える虎松に、瑞希の心境は複雑だった。

天正三年（一五七五）二月十五日早朝、瑞希は虎松を連れて、浜名湖方面へ向けて出発した。瀬名が書状で、この日家康が都田川の河口付近で鷹狩りをすることを知らせてくれたのだ。果たして、家康は多くの家来を引き連れて姿を現した。

岩陰に隠れていた瑞希と虎松は、家康が最も近づいた時、飛び出して行って家康の乗る馬の前でひれ伏した。

「殿、失礼申し上げます！」

瑞希の急な発声に馬がいななき、驚いた家来数人が二人を取り押さえようとした。尼僧と若武者という組み合わせは、その場に居合わせた者らに奇異な印象を与えたようだった。

家康は、「ちょっと待て」と言って家来たちを制したあと、

「そなたら何者じゃ」と問うた。

「井伊谷の井伊直虎と虎松にございます」

さすがに、緊張で瑞希の声は裏返ってしまった。ところが、

「おお、そなたが女領主として名を成した直虎殿か。お会いするのを楽しみにしておったぞ」

なんと、家康は瑞希の素性を知っていたのである。それに力を得た瑞希は、すぐに用

件に入ろうとした。

「実はお願いしたきことがございまして、失礼を顧みず……」

「聞いておるぞ、直虎殿。女の身で井伊家を再興しようという心意気、この家康いたく感じ入った。武田の遠江侵攻の際には、助けに行けず心苦しく思っておった」

家康は、瑞希の言葉を途中で制して、そんなことを言った。

「そのお心遣い、なんと申し上げてよいやら……」

「はは、そこの若者、虎松と申したな、歳はいくつになる」

「はい、十五でございます」

虎松は臆することなく答えた。

「そうか、信康より二つ下じゃな。やはり血の繋がりは争えんとみえて、どことなく似ておるわ。特に美丈夫のところがな」

「そこまで御存じで。誠に恐縮でございます」

家康の正室・瀬名は井伊直平の孫。従って、家康の嫡男・信康と虎松は、直平から見てひ孫同士ということになる。家康は、二人が血縁関係にあることを知っていたのだ。

「ああ、瀬名からさんざん聞かされたからな」

「今日は、是非殿に虎松出仕の許可をいただきたいとお願いに参上した次第でございます」瑞希は、用件の続きを申し述べた。

「もちろん、異存はないぞ」

家康は、拍子抜けするほどあっけなく承知した。

「ほんとうでございますか?!」

「本当も何も、断りでもしたら瀬名に吊るし上げにされるわ。ははは」

家康は豪快に笑った。

「有り難き幸せ」瑞希と虎松は、揃って深々と頭を下げた。

「直虎殿、女の身で随分苦労なされたな。もう心配はいらんぞ。井伊家は早晩井伊谷の領主として返り咲くことになろう」

これでやっと、井伊家を再興できる！　家康の言葉に瑞希は思わず涙ぐんだ。そして、瀬名という血縁者を持ったことの幸せを改めて噛みしめた。

それから三ヶ月後、織田・徳川連合軍は、三河国長篠において、最新兵器である鉄砲を駆使し、史上最強と言われた武田騎馬軍団を撃ち破った。世に言う「長篠《ながしの》の戦い」である。瑞希は、虎松の出仕先として、家康を選んだことに間違いはなかったと安堵したのであった。

# 築山殿殺害

家康は虎松を仕官させるに当たって、万千代という名前と三百石を与え、姓を松下から井伊に戻すよう命じ、ほどなく井伊谷の領有も認めた。ここに、瑞希と南渓の悲願であった井伊家の再興が成ったのである。瑞希が関口氏経によって地頭職を解任されてから、実に七年ぶりのことであった。

瑞希の脳裏には、直平、直宗、直盛、直親といった井伊家の歴代当主たちの顔が浮かび、彼らの奮闘が今実を結んだことに感慨無量であった。

その翌年、万千代は、武田勝頼に奪われていた高天神城《たかてんじん》の奪還戦で活躍、また、家康の寝所に忍び込もうとした刺客を討ち取った功績などもあって、禄高は十倍の三千石に跳ね上がった。

そんな万千代の活躍に目を細めながらも、瑞希は、周りの妬《ねた》み嫉《そね》み、あるいは男色の強要といったことで、彼が苦労しているのではないかと心配した。

しかし、それも杞憂に過ぎなかったようで、万千代が寄越す便りは、いつも自らの出世の控え目な報告と、瑞希の健康を案じる内容のものばかりであった。

ところが、万千代が家康に出仕して四年目の天正七年（一五七九）九月、彼から驚くべき内容の書状が瑞希の元に届いた。

「どうした、次郎」

書状を手に茫然自失の瑞希を見て、南渓が尋ねた。

「瀬名様が……」

「瀬名がどうしたというのじゃ」

「家康殿の命で処刑されたと……万千代からの手紙に」

「何じゃと」

万千代の書状によると、家康の嫡男・信康の正室・徳姫が、信康と姑の瀬名（築山殿）の不行跡を、十二ヶ条からなる訴状にして実父・織田信長に送った。それを見て激怒した信長は、家康に対し二人の処刑を命じ、家康はそれを拒めず瀬名を佐鳴湖畔で殺害、信康を二俣城で切腹させたというのだ。

「いったい、瀬名にどんな不行跡があったというのじゃ」

南渓はとても信じられないという表情で聞いた。

「瀬名様が徳姫様の悪口を信康殿に言ったとか、唐人の医師と密通していたとか、武田氏との内通があったとか……みんな出鱈目に決まっています。跡取り確保のため、瀬名様が信康殿に側室をあてがったことに、徳姫様は腹を立てていたと言いますから。とんだ逆恨みです」

瑞希は憤懣《ふんまん》やるかたない思いで、唇を噛んだ。

「家康殿も、信長殿の命には逆らえなかったということか」

さすがの南渓もがっくりと肩を落としている。

「嫁姑のいさかいで命を落とさねばならないなんて、瀬名様があまりに可哀相です」

瑞希は敢然と立ち上がった。

「どこへ行く、次郎」

「わたし、家康殿に直訴してまいります。このままでは気持ちが収まりません。昌景みたいに蹴りを入れてやる！」

瑞希の血気盛んな性格はいまだ健在だった。

「止めておけ。よう考えてみると、こたびのことは、単なる嫁姑問題の話ではなさそうじゃ。いろいろと政《まつりごと》の複雑な事情が絡んでのことであろう」

南渓は、何かに思い当たった風にそう言って、瑞希を引き留めた。

「でも……」

「武田軍が井伊谷を攻めて来た時、いち早く瀬名が教えてくれたろう。敵方の別働隊の動きをなぜ瀬名はあれほど詳しく知っておったのか」

「え?」

瑞希は頭から冷や水を浴びせられたような気がした。

「虎松出仕の際にも、武田勝頼の、家中での人望の無さを知らせて来たし、わしは以前から不思議に思っておった」

「和尚様……」

「ここは、静かに瀬名と信康殿の冥福を祈るしかない。家康殿に仕える万千代の立場も考えんとな」

瀬名は井伊家のために、武田氏の動静を知ろうと、自ら体を張って危ない動きをしていたのかもしれない。なぜ、そこまで? それはやはり、幼き頃命を助けられた瑞希への恩義からくるものであったのか。

瑞希は、瀬名が幼女の頃から可愛くて仕方がなかった。彼女が成人してからも、何故か心惹かれるものを瑞希は彼女に感じ続けていた。それは、単なる親戚の女子への好意とは趣を異にするものだった。何というか、この苛酷な戦国の世を女の身でありながら、男に伍《ご》して戦う同志としての感情であったかもしれない。そして、瀬名も同じ気持ちで、瑞希に応えくれていたのではないか。

きっかけはやはりあの古井戸だった、と瑞希は思った。あの日、二人を古井戸へ誘《いざな》ったのは、井伊家の存続を望んだ始祖・井伊共保《ともやす》の意志であったかもしれない。そうであるなら、それは瀬名にとって余りにも残酷な意志だった。井伊家の復興は、美しくも健気《けなげ》だった瀬名の犠牲の上に成ったのである。

瑞希は瀬名が不憫《ふびん》でならなかった。血気に駆られ一旦は立ち上がった瑞希であったが、再びへなへなと床に座り込んでしまった。

# 井伊家繁栄

瀬名が死んで二年半後の天正十年（一五八二）二月、織田・徳川・北条の三氏は協同して甲州征伐を開始した。その結果、甲斐の戦国大名・武田氏は滅び、家康は三河、遠江、駿河を領する大大名となった。この年、二十二歳の万千代はいよいよ元服することが決まり、松平康親《やすちか》の娘・花との婚姻の話もまとまった。

井伊家にとってはおめでた続きであったが、この頃から瑞希は体調を壊し寝込むことが多くなった。齢《よわい》五十が間近になり、これまでの苛酷な半生が、彼女の体を蝕《むしば》んでいるのかもしれなかった。そんな時、話し相手になるのはやはり南渓である。

「次郎や、万千代の元服と結婚が決まって、そなたも一安心じゃな」

「元服は当然ですが、妻を娶ることになって本当によかった。ひょっとして、万千代は上杉謙信みたいに、女に興味がないのかと心配しておりました。幼き頃、女人を近づけるなと、きつく言い渡したのがいけなかったのかと」

「まさか」

「いえほんとに。場合によっては、私が身をもって男女の秘事を教えねばならないかと、思案したぐらいです。でも、これでほっとしました。もう思い残すことはありません」

「弱気なことを申すな、次郎。わしより二回りも若いくせに、まだまだこれからぞ。万千代のさらなる出世と、井伊家の繁栄を見ずしては死ねぬぞ」

「そうですね。でも、和尚様、世は無常と申しますが、ほんとうですね。あの強大を誇った武田氏が滅びるとは、十年前には誰も思いもしませんでしたから」

「盛者必衰《しょうじゃひっすい》は世の習いじゃからな。それはそうと、家康殿から万千代に、武田氏の重臣・山県昌景の『赤備《あかぞ》え』が与えられることになったらしい」

昌景の名を聞いて、瑞希の心は少しざわめいた。昌景は長篠の戦いで戦死していたが、彼が率いて来た『赤備え』の部隊は、その後も勇猛果敢の代名詞として、諸大名から恐れられていた。

もっとも瑞希の心には、生涯ただ一人関係を持った男として、昌景は記憶されていた。

井伊谷を守るため、犠牲的精神で身を捧げた相手ではあったが、井伊谷をこれ以上焼き払わないと約束し、そして、意外に最後は男としても優しかった昌景に、今は懐かしささえ覚える瑞希だった。

その昌景が率いていた部隊を万千代が引き継ぐと聞いて、瑞希は世の中の巡り合わせの不思議さを改めて思った。彼女は昌景のことには敢えて触れずに、南渓に問うた。

「和尚様、盛者必衰が本当なら、武田氏を滅ぼした織田氏もやがて、滅亡の憂き目に遭うということでしょうか?」

「ああ。織田氏とて例外ではなかろう。しかし、誰かが天下を統一し、一日も早う平和な世をもたらしてくれんとな。それが信長殿や家康殿であれば、井伊家にとっては望ましいかぎりなのだが」

南渓はそう答えたが、半年後彼の予想したことが現実のものとなる。

天正十年(一五八二)六月二日、織田信長は京都本能寺で重臣・明智光秀の謀反に遭い、自害したのである。この時、万千代は家康に随行して堺にいたため、瑞希は彼が事件に巻き込まれないか、気が気ではなかった。幸い、万千代は落ち武者刈りや一揆の危険にさらされながらも、家康と共に伊賀越《いがご》えで無事岡崎城へ帰還した。

その報を聞いてほっとしたのがよくなかったのか、瑞希はやがて寝たきりの状態となり、意識も混濁《こんだく》してきた。信長自害のあと、いち早く動いたのは羽柴秀吉（のちの豊臣秀吉）だった。布陣中の備中から大急ぎで引き返し、事件からわずか十一日後の六月十三日、明智光秀を山崎の合戦で打ち破ったのである。

六月二十七日には織田家重臣による会議（清須会議）が開かれ、信長の孫でわずか三歳の三法師《さんぼうし》が後継者に決まったが、実質的には秀吉が後見人として権力を握った。そうした天下の大きなうねりを、瑞希はもはや知ることはできなかった。そして同年八月二十六日、井伊家当主「井伊直虎」を見事務め上げた瑞希は、龍潭寺松岳院《しょうがくいん》においてその波乱万丈の生涯に終止符を打った。享年四十八。ちなみに彼女を看取った南渓和尚は、その後七年を生き延び、天正十七年（一五八九）に没した。

瑞希が死んだ時、甲斐の陣中にあった万千代は、家康の家臣として、武田旧領の分割所有について北条氏との和解を果たし、その功により四万石に加増され、瑞希の死の三ヶ月後、ついに元服して直政《なおまさ》と改名した。

信長の跡を継いだ秀吉は躍進を続け、天正十八年（一五九〇）、北条氏を滅ぼして天下統一を果たすが、その際、小田原城に籠城する北条軍に対し、豊臣軍から戦いを仕掛けたのは、徳川家臣として従軍していた直政ただ一人であったという。

この小田原征伐のあと、家康は関東に移封され、それに伴い、直政も上野《こうずけ》国箕輪《みのわ》領十二万石を与えられた。その後も直政は、家康の近臣として活躍し、「赤備え」の部隊を率いた、恐れを知らない戦いぶりから、「井伊の赤鬼」と称され、また「徳川四天王」の一人に数えられるまでになった。

慶長三年(一五八九)八月八日、秀吉が死ぬと再び天下は乱れる。慶長五年(一六〇〇)九月十五日、五奉行の一人・石田三成と五大老筆頭の徳川家康は、それぞれ豊臣恩顧の武将を巻き込んで、美濃《みの》国不破《ふわ》郡関ヶ原で天下分け目の決戦に至った。

決着はわずか一日で付く。この合戦でも直政は、家康の命により先鋒隊の軍監という重職を務め、家康率いる東軍の勝利に貢献した。しかし、戦いの終盤になって、島津義弘《よしひろ》の軍勢を追跡中に銃弾を浴び、それが元で、直政は二年後の慶長七年(一六〇二)二月一日、四十二歳の若さで世を去った。

関ヶ原の合戦を制した家康は、三年後に江戸幕府を開き、元和《げんな》元年(一六一五)の大坂夏の陣で豊臣氏を滅ぼして、その後二百五十年続く太平の世の礎を築いた。こうして、最終的には徳川家康によって、天下は平定されたのであるが、家臣・井伊直政の果たした役割は極めて大きかった。そして、瀕死の井伊家を存続させながら、幼い直政の命を守り、教育し、家康の元に送り込んだ女当主・井伊直虎の功績は、徳川氏にとって大いに評価されるべきものであろう。

直政の死後、家康はその死を悼み、井伊氏に石田三成の旧領・近江国佐和山《さわやま》藩を与え、さらには彦根藩三十万石へ加増移封した。以後、井伊氏は幕末まで彦根藩主を務めるとともに、何度も大老《たいろう》職を出す譜代大名筆頭の家柄となったのである。

地下の瑞希は、井伊氏の繁栄をどんなに喜んだことだろう。ただ、一つ不満があったとしたら、井伊一族が故郷である井伊谷を離れてしまったことかもしれない。

関ヶ原の合戦のあと、井伊谷筋は徳川幕府の直轄地となり、慶長十四年（一六〇九）に家康の十男・徳川頼宣《よりのぶ》の支配下に入るが、元和五年（一六一九）、頼宣が紀州へ移封になると、井伊谷三人衆の一人・近藤康用《やすもち》の子である近藤秀用《ひでもち》が井伊谷を管理した。そして、井伊谷は明治維新に至るまで、近藤家の所領となった。

井伊直虎の墓は、今も井伊家の歴代当主と共に、井伊谷の龍潭寺にある。

# 「天下取りに絡んだ戦国の女」関連年表

| | |
|---|---|
| 応仁1年（1467） | **応仁の乱（〜77）**。北川殿（伊勢盛定の娘）、今川義忠の正室となる |
| 文明3年（1471） | 北川殿（今川義忠正室）、今川氏親を出産 |
| 永正2年（1505） | 寿桂尼（中御門宣胤の娘）、今川氏親（35）の正室となる |
| 永正14年（1517） | 大井の方（大井信達の娘）（21）、武田信虎（24）の正室となる |
| 永正16年（1519） | 大井の方（武田信虎正室）（23）、定恵院を出産。寿桂尼（今川氏親正室）、今川義元を出産 |
| 大永1年（1521） | 大井の方（武田信虎正室）（25）、武田信玄を出産 |
| 享禄2年（1529） | 北川殿（今川義忠正室）死去 |
| 享禄3年（1530） | 上杉憲房の娘、武田信虎（37）の側室となる |
| 天文2年（1533） | 上杉朝興の娘、武田信玄（13）の正室となる |
| 天文3年（1534） | 上杉朝興の娘（武田信玄正室）、難産で死去。土田御前（土田政久の娘／織田信秀正室）、織田信長を出産 |
| 天文4年（1535） | この頃、瑞渓院（今川氏親の娘）、北条氏康（21）の正室となる |
| 天文5年（1536） | **花倉の乱。河東一乱（〜45）**。三条夫人（三条公頼の娘）（16？）、武田信玄（16）の正室となる |
| 天文6年（1537） | 定恵院（武田信虎の娘）（19）、今川義元（19）の正室となる。この頃、仙桃院（長尾為景の娘）、長尾政景（12）と婚約 |
| 天文7年（1538） | 三条夫人（武田信玄正室）（18？）、武田義信を出産。瑞渓院（北条氏康正室）、北条氏政を出産。定恵院（今川義元正室）（20）、今川氏真を出産 |
| 天文10年（1541） | 於大の方（水野忠政の娘）（14）、松平広忠（16）の正室となる |
| 天文11年（1542） | 於大の方（松平広忠正室）（15）、竹千代（徳川家康）を出産。この頃、井伊直盛の娘・直虎、井伊直満の子・亀之丞（直親）（8）と婚約 |

| | |
|---|---|
| 天文12年（1543） | **鉄砲伝来。**三条夫人（武田信玄正室）（23）、黄梅院を出産。禰津御寮人（禰津元直の娘）（17？）、武田信玄（23）の側室となる |
| 天文13年（1544） | 井伊直満・直義、今川氏に謀殺される。亀之丞（直親）（10）、信濃に逃避 |
| 天文14年（1545） | 諏訪御料人（諏訪頼重の娘）（16）、武田信玄（25）の側室となる。於大の方（徳川家康生母）（18）、松平広忠（20）と離縁 |
| 天文15年（1546） | 諏訪御料人（武田信玄側室）（17）、武田勝頼を出産 |
| 天文16年（1547） | 土田御前（織田信秀正室）、お市の方を出産 |
| 天文17年（1548） | 於大の方（徳川家康生母）（21）、久松俊勝（23）に再嫁 |
| 天文18年（1549） | **キリスト教伝来。**濃姫（斉藤道三の娘）（15？）、織田信長（16）の正室となる |
| 天文19年（1550） | 定恵院（今川義元正室）（32）死去 |
| 天文21年（1552） | 大井の方（武田信玄正室）（56）死去。嶺松院（今川義元の娘）、武田義信（15）の正室となる |
| 天文23年（1554） | **甲相駿三国同盟成立。**早川殿（北条氏康の娘）、今川氏真（17）の正室となる。真理姫（武田信玄の娘）（5）、木曽義昌（15）の正室となる。黄梅院（武田信玄の娘）（12）、北条氏政（17）の正室となる。早川殿（北条氏康の娘）、今川氏真（17）の正室となる |
| 弘治1年（1555） | 諏訪御料人（武田信玄側室）（25）死去。亀之丞（20）、信濃より遠江井伊谷に帰還し、井伊直盛の養子となる（井伊直親） |
| 弘治2年（1556） | この頃、生駒吉乃（生駒家宗の娘）（29？）、織田信長（23）の側室となる。仙桃院（長尾政景正室）、上杉景勝を出産 |
| 弘治3年（1557） | 築山殿（関口親永の娘）（16）、徳川家康（15）の正室となる。油川夫人（武田信玄側室）（30？）、仁科盛信を出産。生駒吉乃（織田信長側室）（30？）、織田信忠を出産（弘治1年説も） |

| | |
|---|---|
| 永禄1年（1558） | 油川夫人（武田信玄側室）（31？）、菊姫を出産 |
| 永禄2年（1559） | 築山殿（徳川家康正室）（18）、松平信康を出産 |
| 永禄3年（1560） | **桶狭間の戦い。今川義元（42）、井伊直盛戦死。**井伊直親（26）、井伊家当主となる。築山殿（徳川家康正室）（19）、亀姫を出産。禰津御寮人（武田信玄側室）（34？）、武田信清を出産 |
| 永禄4年（1561） | **第四次川中島の戦い。**おね（杉原定利の娘）、木下藤吉郎（豊臣秀吉）（25）と結婚。油川夫人（武田信玄側室）（34？）、松姫を出産。長尾景虎（仙桃院の弟／上杉謙信）（32）、上杉氏の家督と関東管領職を相続。井伊直親の嫡男・虎松（直政）誕生 |
| 永禄5年（1562） | 黄梅院（北条氏政正室）（20）、北条氏直を出産。井伊直親（28）、今川氏により謀殺される |
| 永禄6年（1563） | 井伊直虎の曽祖父・井伊直平陣没 |
| 永禄8年（1565） | 龍勝院（織田信長の養女）（13）、武田勝頼（20）の正室となる。井伊直虎、地頭職（井伊家当主）の座に就き、虎松（直政）（5）の後見人となる |
| 永禄9年（1566） | 生駒吉乃（織田信長側室）（39？）死去 |
| 永禄10年（1567） | 龍勝院（武田勝頼正室）（15）、武田信勝を産むが、難産のため死去。松姫（武田信玄の娘）（7）、織田信忠（11）と婚約。この頃、お市の方（織田信長の妹）（21）、浅井長政（23）の正室となる。徳姫（織田信長の娘）（9）、松平信康（9）の正室となる |
| 永禄11年（1568） | **駿河侵攻（今川氏滅亡）。織田信長（35）、足利義昭（32）を奉じて入京。**井伊直虎、今川氏により地頭職を解かれる。虎松（直政）（8）、三河鳳来寺に避難 |
| 永禄12年（1569） | 黄梅院（北条氏政正室）（27）死去。寿桂尼（今川氏親正室）死去。お市の方（浅井長政正室）（23）、茶々（淀殿）を出産 |

| | |
|---|---|
| 元亀1年（1570） | **姉川の戦い**。この頃、お鍋の方（高畑源十郎の娘）、織田信長（37）の側室となる。三条夫人（武田信玄正室）（50？）死去。この頃、見性院（武田信玄の娘）、穴山信君（30）の正室となる。清円院（長尾政景の娘）（15？）、上杉景虎（上杉謙信の養子）（17）の正室となる。お市の方（浅井長政の正室）（24）、初を出産 |
| 元亀3年（1572） | **武田氏による西上作戦開始（～73）** |
| 天正1年（1573） | **武田信玄（53）死去。小谷城落城（浅井氏滅亡）**。お市の方（浅井長政正室）、江を出産。お鍋の方（織田信長側室）、織田信吉を出産 |
| 天正2年（1574） | 於万の方（徳川家康側室）（27）、於義丸（結城秀康）を出産。虎松（井伊直政）（14）、遠江井伊谷に帰還 |
| 天正3年（1575） | **長篠の戦い**。虎松（井伊直政）（15）、徳川家康に仕官 |
| 天正4年（1576） | 徳姫（松平信康正室）（18）、登久姫を出産 |
| 天正5年（1577） | 北条夫人（北条氏康の娘）（14）、武田勝頼（32）の正室となる。徳姫（松平信康正室）（19）、熊姫を出産。この頃、姫路殿（織田信雄の娘）、豊臣秀吉（41）の側室となる。真理姫（木曽義昌正室）（28）、木曽義利を出産 |
| 天正6年（1578） | **上杉謙信（49）死去** |
| 天正7年（1579） | **御館の乱**。清円院（仙桃院の娘／上杉景虎の正室）（24？）自害。築山殿（徳川家康正室）（38）殺害される。松平信康（21）切腹。西郷局（戸塚忠春の娘／徳川家康側室）、徳川秀忠を出産。菊姫（武田信玄の娘）（22）、上杉景勝（24）の正室となる |
| 天正8年（1580） | 徳寿院（塩川長満の娘／織田信忠正室）、織田秀信（三法師）を出産。南の局（山名豊国の娘）、豊臣秀吉（44）の側室となる |
| 天正10年（1582） | **甲州征伐（武田氏滅亡）**。北条夫人（武田勝頼正室）（19）自害。**本能寺の変・織田信長（49）自害**。お市の方（織田信長妹）（36）、柴田勝家（61？）に再稼。松の丸殿（京極高吉の娘）、豊臣秀吉（46）の側室となる。井伊直虎死去 |

| | |
|---|---|
| 天正11年（1583） | **賤ヶ岳の戦い。北ノ庄城落城。**お市の方（浅井長政・柴田勝家正室）（37）自害。督姫（徳川家康の娘）（19）、北条氏直（22）の正室となる |
| 天正12年（1584） | **小牧・長久手の戦い。**阿茶局（飯田直政の娘／徳川家康側室）（30）、懐妊するも流産。江（浅井長政の娘）（12）、佐伯一成（16）の正室となる |
| 天正13年（1585） | この頃、加賀殿（前田利家の娘）（14）、豊臣秀吉（49）の側室となる |
| 天正14年（1586） | 朝日姫（豊臣秀吉の異父妹）（44）、徳川家康（45）の継室となる |
| 天正16年（1588） | この頃、淀殿（浅井長政の娘）（20）、豊臣秀吉（52）の側室となる |
| 天正17年（1589） | 西郷局（徳川家康側室）（38）死去。淀殿（豊臣秀吉側室）（21）、鶴松を出産（3歳で早世） |
| 天正18年（1590） | **小田原征伐。北条氏政（53）切腹。**瑞渓院（北条氏康正室）死去。朝日姫（徳川家康継室）（48）死去。小姫（織田信雄の娘）（6）、徳川秀忠（12）の正室となる。甲斐姫（成田氏長の娘）、豊臣秀吉（54）の側室となる。月桂院（足利頼純の娘）（23）、豊臣秀吉の側室となる。井伊直政（30）、上野国に12万石を賜る |
| 天正19年（1591） | 小姫（徳川秀忠正室）（7）死去 |
| 天正20年（1592） | 茶阿局（徳川家康側室）、松平忠輝を出産 |
| 文禄1年（1592） | **朝鮮の役（～98）。**江（浅井長政の娘）（20）、羽柴秀勝（24）に再稼。広沢局（名護屋経勝の娘）（20）、豊臣秀吉（56）の側室となる |
| 文禄2年（1593） | 淀殿（豊臣秀吉側室）（25）、豊臣秀頼を出産 |
| 文禄3年（1594） | 督姫（北条氏直正室）（30）、池田輝政（30）に再稼。土田御前（織田信秀正室）死去。お亀の方（志水宗清の娘）（22）、徳川家康（52）の側室となる |
| 文禄4年（1595） | 江（浅井長政の娘）（23）、徳川秀忠（17）に再稼。駒姫（最上義光の娘）（15）、豊臣秀次（28）の側室となる。駒姫、一の台（菊亭晴季の娘／豊臣秀次正室）（28）、秀次事件で処刑 |

| | |
|---|---|
| 慶長2年（1597） | 江（徳川秀忠正室）（25）、千姫を出産 |
| 慶長3年（1598） | **醍醐の花見。豊臣秀吉（62）死去。**香の前（豊臣秀吉側室）（22）、伊達政宗（32）に下賜され、女子（津多）を出産 |
| 慶長4年（1599） | 三の丸殿（織田信長の娘／豊臣秀吉側室）、二条昭実（44）に再稼 |
| 慶長5年（1600） | **関ヶ原の合戦。**お亀の方（徳川家康側室）（28）、徳川義直出産。香の前（伊達政宗側室）（24）、男子（又治郎）を出産 |
| 慶長7年（1602） | 於大の方（徳川家康生母）（75）死去。香の前（豊臣秀吉・伊達政宗側室）（26）、茂庭綱元（54）に下賜される。井伊直政（42）病死 |
| 慶長8年（1603） | **江戸幕府創設。**三の丸殿（豊臣秀吉側室・二条昭実室）死去。千姫（徳川秀忠の娘）（7）、豊臣秀頼（11）の正室となる |
| 慶長9年（1604） | 菊姫（上杉景勝正室）（47）死去。桂岩院（四辻公遠の娘／上杉景勝の側室）、上杉定勝を産むが、難産のため死去。江（徳川秀忠正室）（32）、徳川家光を出産 |
| 慶長10年（1605） | 加賀殿（豊臣秀吉・万里小路充房側室）（33）死去 |
| 慶長11年（1606） | 五郎八姫（伊達政宗の娘）（13）、松平忠輝（15）の正室となる |
| 慶長12年（1607） | 江（徳川秀忠正室）（35）、徳川和子（東福門院）を出産 |
| 慶長14年（1609） | 仙桃院（長尾政景正室）死去 |
| 慶長16年（1611） | 井伊直政の嫡男・直継が彦根城を築城。井伊氏は幕末まで彦根藩主を務める |
| 慶長17年（1612） | 嶺松院（武田義信正室）死去。お鍋の方（織田信長側室）死去 |
| 慶長18年（1613） | 早川殿（今川氏真正室）死去 |
| 慶長19年（1614） | **大坂冬の陣。**阿茶局（徳川家康側室）（60）、豊臣家との和平交渉役を務める |

| | |
|---|---|
| 元和1年(1615) | **大坂夏の陣(豊臣氏滅亡)**。督姫(北条氏直・池田輝政正室)(51)死去。淀殿(豊臣秀吉側室)(47)自害 |
| 元和2年(1616) | **徳川家康(74)死去**。松姫(織田信忠婚約者)(56)死去。江(徳川秀忠正室)(54)死去。千姫(豊臣秀頼正室)(20)、本多忠刻(21)に再稼 |
| 元和5年(1619) | 於万の方(徳川家康側室)(72)死去 |
| 元和7年(1621) | 茶阿局(徳川家康側室)死去 |
| 元和8年(1622) | 見性院(穴山信君正室)死去 |
| 寛永1年(1624) | おね(北政所／豊臣秀吉正室)死去 |
| 寛永10年(1633) | 徳寿院(織田信忠正室)死去 |
| 寛永11年(1634) | 南殿(豊臣秀吉側室／石松丸秀勝の生母)死去。松の丸殿(豊臣秀吉側室)死去 |
| 寛永13年(1636) | 徳姫(松平信康正室)(77)死去。広沢局(豊臣秀吉側室)(64)死去 |
| 寛永14年(1637) | **島原の乱**。阿茶局(徳川家康側室)(83)死去。 |
| 寛永17年(1640) | 香の前(豊臣秀吉・伊達政宗・茂庭綱元側室)(64)死去 |
| 寛永18年(1641) | 姫路殿(豊臣秀吉側室)死去 |
| 寛永19年(1642) | お亀の方(徳川家康側室)(70)死去 |
| 正保4年(1647) | 真理姫(木曽義昌正室)(98)死去 |
| 明暦1年(1655) | 月桂院(豊臣秀吉側室)(88)死去 |
| 寛文1年(1661) | 五郎八姫(徳川忠輝正室)(68)死去 |
| 寛文6年(1666) | 千姫(豊臣秀頼・本多忠刻正室)(70)死去 |

# 主な参考文献



| | | | |
|---|---|---|---|
| 「戦国の女性たち」 | 小和田哲男 | 河出書房新社 | 2005 |
| 「戦国大名と政略結婚」 | 「歴史読本」編集部 | 新人物往来社 | 2012 |
| 「戦国大名の婚姻戦略」 | 渡邊大門 | 角川グループパブリッシング | 2010 |
| 「戦国時代の足利将軍」 | 山田康弘 | 吉川弘文館 | 2011 |
| 「戦国武将逸話集」 | 湯浅常山・大津雄一・田口寛 | 勉誠出版 | 2010 |
| 「お江と戦国の女たち」 | | 学研パブリッシング | 2010 |
| 「女城主・井伊直虎」 | 楠戸義昭 | ＰＨＰ研究所 | 2016 |
| 「常在戦場　家康家臣列伝」 | 火坂雅志 | 文芸春秋 | 2013 |
| 「原本現代訳　甲陽軍鑑上・中・下」 | 腰原哲朗 | 教育社 | 1979 |
| 「武田信玄」 | 奥野高広 | 吉川弘文館 | 1985 |
| 「武田勝頼のすべて」 | 平山優・柴辻俊六 | 新人物往来社 | 2007 |
| 「豊臣秀次」 | 藤田恒春 | 吉川弘文館 | 2015 |
| 「豊臣秀次公一族と瑞泉寺」 | | 瑞泉寺 | 1995 |
| 「定本　徳川家康」 | 本多隆成 | 吉川弘文館 | 2010 |
| 「ＮＨＫ大河ドラマ歴史ハンドブック　風林火山」 | | 日本放送出版協会 | 2007 |
| 「日本女性人名辞典（普及版）」 | 芳賀登・一番ヶ瀬康子・中嶌邦・祖田浩一監修 | 日本図書センター | 1998 |
| 「信長の天下布武への道」 | 谷口克広 | 吉川弘文館 | 2006 |
| 「戦国合戦大事典　三」 | 戦国合戦史研究会編 | 新人物往来社 | 1989 |
| 「井伊軍志〜井伊直政と赤甲軍団〜」 | 井伊達夫 | 京都井伊美術館 | 1989 |
| 「国別　戦国大名城郭事典」 | 西ヶ谷恭弘編 | 東京堂出版 | 1999 |
| 「全国版　戦国時代人物事典」 | 歴史群像編集部編 | 学研パブリッシング | 2009 |
| 「静岡県の歴史」 | 本多隆成・荒木敏夫・杉橋隆夫・山本義彦 | 山川出版社 | 2015 |

# 「天下取りに絡んだ戦国の女」関連の城

1 忍城跡　2 駿府城　3 清洲城
4 江戸城（皇居）

5

8

7

6

10

9

5 大坂城
6 岡崎城
7 浜松城
8 小田原城
9 掛川城
10 長浜城

# 鳥越 一朗の本

## 茶々、初、江
## 戦国美人三姉妹の足跡を追う

定価 本体571円+税
A6判 128ページ

戦国の世に生まれ、時代の荒波に翻弄されながら、美しくも健気に生きた浅井三姉妹。そのゆかりの地を、豊富な写真とエピソード満載の文章で辿ります。

## 平清盛を巡る一大叙事詩
## 「平家物語」の名場面をゆく

定価 本体700円+税
A6判 144ページ

ようこそ無常の世界へ…清盛とその子、孫、姫たち、平家一門の人間ドラマを描く。

## ハンサム・ウーマン
## 新島八重と明治の京都

定価 本体600円+税
A6判 128ページ

2013年大河ドラマが10倍楽しめる！京都に残る明治、大正のレトロな建物などを豊富な写真で紹介。ハンサム・ウーマンと呼ばれ、数奇な運命を歩んだ八重の足取りを、豊富なエピソードとともに、軽妙な文章で辿ります。また併せて、京都をはじめとした福島・東京・神奈川にある、八重ゆかりの建物・史跡を紹介しております。

## 絶対絶対めげない男
## 黒田官兵衛の行動原理

定価 本体700円+税
A6判 128ページ

戦国の世、信長、秀吉、家康を向こうに回し、軍師としてしたたかに生き抜いた武将・黒田官兵衛の足跡を辿りながら、彼の行動原理をあぶり出します。世知辛い現代を打たれ強く生きるための極意が、そこに潜んでいることを期待しつつ……。

## 一千年の恋人たち

定価 本体952円+税
18・6×13cm 288ページ

愛の軌跡を辿って見えてくる都の風景。どのように男と女は愛を生きてきたか。都大路に散りばめられた愛（恋）の軌跡。果たせぬ恋、偏った愛、響き合う愛…。愛（恋）の歴史を歩きたくなる都の道先案内。平安時代から幕末までの、誰もが耳にした恋人たちの物語を親しみやすい文章で認め、そのゆかりの地を地図で、その関連史跡・物件を写真、脚注で丹念に紹介しております。

## 平安京のメリークリスマス

定価 本体1238円+税
17×11・4cm 264ページ

現代の高校生が謎解きに挑戦する、京都歴史ミステリー小説
ザビエル来日より七百年もの昔、平安京の片隅で、秘めやかに祝われたクリスマスの一夜があった？
千年を超える歴史をもつ京都。その時空の威力か、著者の大胆な想像力が躍動する、ロマン溢れる物語。

**麗しの愛宕山鉄道鋼索線**

定価 本体1543円＋税
18・4×13・2㎝ 280ページ

昭和のはじめ、京都の名峰・愛宕山にケーブルカーが走っていたのを御存知ですか？ケーブル跡の廃墟から70年前にタイムスリップしてしまった少年の、愛と冒険の物語。

**京都一千年の恋めぐり**

定価 本体1143円＋税
20・8×13・6㎝ 176ページ

「一千年の恋人たち」の著者が贈る京都歴史ロマン第2弾！歴史ファンの方はもとより、中高大生の方の日本史、古典の参考図書、京都検定受検を目指しておられる方にはきっと役立ちます。京都のテーマ探しや、より深く知っていただく上での、旅手帳としても最適です。

**京都大正ロマン館**

定価 本体1286円＋税
136×210㎜ 160ページ

京都再発見の名手が贈る、少し昔の京都の光景。明治・大正・昭和という何故かロマンを駆り立てられる時代を、現在に残る81件の建築物と共に紹介。軽妙なエッセイと叙情をかきたてる写真たちが、当時の風情を思わせます。

**電車告知人**
**明治の京都を駆け抜けた少年たち**

定価 本体1238円＋税
118×182㎜ 256ページ

イラスト 中川 学
「危のおっせー、電車が来まっせー」と叫びながら、チンチン電車を先導した告知人（先走り少年）たちの愛と友情の物語。

**杉家の女たち**
**～吉田松陰の母と3人の妹～**

定価 本体1300円＋税
四六判 224ページ

2015大河ドラマ「花燃ゆ」のヒロイン・文をはじめ、吉田松陰の親族として幕末・明治の動乱期を生き抜いた4人の女たちの物語
吉田松陰の母・瀧、妹の千代・寿・文が、逆風に晒されながらも、明るくしたたかに生きていく様を、ゆかりの地の写真を交え、ユーモラスな文体で生き生きと描写しています。

**恋する幸村**
**真田信繁（幸村）と彼をめぐる女たち**

定価 本体1300円＋税
四六判 256ページ

「日本一の兵」と今に伝わる真田幸村は、臆病で引っ込み思案だった!? 激動の時代の流れの中で、多くの女性との出会いと別れを繰り返しながら、戦国武将として成長していく物語。史実を踏まえつつ、想像力を駆使した展開によって、稀代の名将の人間的な実像が浮かび上がる。

著者プロフィール

**鳥越一朗**（とりごえ・いちろう）

作家。京都府京都市生まれ。

京都府立嵯峨野高校を経て京都大学農学部卒業。

主に京都を題材にした小説、歴史紀行などを手掛ける。

「恋する幸村～真田信繁（幸村）と彼をめぐる女たち～」、「杉家の女たち～吉田松陰の母と３人の妹」、「ハンサムウーマン新島八重と明治の京都」、「電車告知人」、「京都大正ロマン館」、「麗しの愛宕山鉄道鋼索線」、「平安京のメリークリスマス」など著書多数。

天下取りに絡んだ戦国の女
～政略結婚クロニクル～

| | |
|---|---|
| 定　価 | カバーに表示してあります |
| 発行日 | 2017年1月5日 |
| 著　者 | 鳥越一朗 |
| 写　真 | 鳥越一朗、鳥越由佑子 |
| デザイン | 岩崎宏 |
| 編集・制作補助 | ユニプラン編集部<br>鈴木正貴　橋本豪 |
| 発行人 | 橋本良郎 |
| 発行所 | 株式会社ユニプラン<br>〒604-8127<br>京都府京都市中京区堺町通蛸薬師下ル<br>谷堺町ビル1F<br>TEL075-251-0125<br>FAX075-251-0128 |
| 振替口座 | 01030-3-23387 |
| 印刷所 | 為國印刷株式会社 |

ISBN978-4-89704-411-8　C0021